中国重要农业文化遗产系列丛书

闵庆文 周　峰 ◎丛书主编

内蒙古阿鲁科尔沁草原游牧系统

NEIMENGGU ALUKEERQIN CAOYUAN YOUMU XITONG

姚予龙　魏必力格　陈虎男　主编

中国农业出版社
农村读物出版社
北　京

图书在版编目（CIP）数据

内蒙古阿鲁科尔沁草原游牧系统／姚予龙，魏必力格，陈虎男主编. —北京：中国农业出版社，2023.3（2023.6 重印）
（中国重要农业文化遗产系列丛书／闵庆文，周峰主编）
ISBN 978-7-109-26694-0

Ⅰ．①内…　Ⅱ．①姚…　②魏…　③陈…　Ⅲ．①蒙古族－游牧民族－民族文化－研究－阿鲁科尔沁旗　Ⅳ．① K281.2

中国版本图书馆 CIP 数据核字 (2020) 第 055004 号

内蒙古阿鲁科尔沁草原游牧系统

中国农业出版社出版
地址：北京市朝阳区麦子店街 18 号楼
邮编：100125
责任编辑：黄　曦
责任校对：吴丽婷
印刷：北京缤索印刷有限公司
版次：2023 年 3 月第 1 版
印次：2023 年 6 月第 2 次印刷
发行：新华书店北京发行所发行
开本：710mm×1000mm　　1／16
印张：13
字数：260 千字
定价：68.00 元

编写委员会

丛书主编：闵庆文　周　峰

主　　编：姚予龙　魏必力格　陈虎男

副 主 编：巩前文　刘某承　闫雪涛

参编人员（按姓氏笔画排列）：

王　宝　王正兴　王志伟　王国萍　仁　钦

方向毅　乌·宝音乌力吉　巴图吉日嘎拉

白艳莹　刘　丹　孙　建　李志东　李新华

杨　伦　杨文杰　杨伟东　罗　超　周文龙

宝力道　赵立明　袁　正　钱宏远　铁　柱

特木热　特古斯　席长命　麻彦君　康　静

丛书策划：苑　荣　张丽四

序言一

我国是历史悠久的文明古国，也是幅员辽阔的农业大国。长期以来，我国劳动人民在农业实践中积累了认识自然、改造自然的丰富经验，并形成了自己的农业文化。农业文化是中华五千年文明发展的物质基础和文化基础，是中华优秀传统文化的重要组成部分，是构建中华民族精神家园、凝聚中华儿女团结奋进的重要文化源泉。

党的十八大提出，要"建设优秀传统文化传承体系，弘扬中华优秀传统文化"。习近平总书记强调，"中华优秀传统文化已经成为中华民族的基因，植根在中国人内心，潜移默化地影响着中国人的思想方式和行为方式。今天，我们提倡和弘扬社会主义核心价值观，必须从中汲取丰富营养，否则就不会有生命力和影响力"。云南哈尼族稻作梯田、江苏兴化垛田、浙江青田稻鱼共生系统，无不折射出古代劳动人民吃苦耐劳的精神，这是中华民族的智慧结晶，是我们应当珍视和发扬光大的文化瑰宝。现在，我们提倡生态农业、低碳农业、循环农业，都可以从农业文化遗产中吸收营养，也需要从经历了几千年自然与社会考验的传统农业中汲取经验。实践证明，做好重要农业文化遗产的发掘保护和传承利用，对于促进农业可持续发展、带动遗产地农民就业增收、传承农耕文明，都具有十分重要的作用。

中国政府高度重视重要农业文化遗产保护，是最早响应并积极支持联合国粮农组织全球重要农业文化遗产保护的国家之一。经过十几年工作实践，我国已经初步形成"政府主导、多方参与、分级管理、利益共享"的农业文化遗产保护管理机制，有力地促进了农业文化遗产的挖掘和保护。2005年以来，已有15个遗产地列入"全球重要农业文化遗产名录"，数量名列世界各国之首。中国是第一个开展国家级农业文化遗产认定的国家，是第一个制定农业文化遗产保护管理办法的国家，也是第一个开展全国性农业文化遗产普查的国家。2012年以来，农业部①分三批发布了62项"中国重要农业文化遗产"②，2016年发布了28项全球重要农业文化遗产预备名单③。2015年颁布了《重要农业文化遗产管理办法》，2016年初步普查确定了具有潜在保护价值的传统农业生产系统408项。同时，中国对联合国粮农组织全球重要农业文化遗产保护项目给予积极支持，利用南南合作信托基金连续举办国际培训班，通过APEC（亚洲太平洋经济合作组织）、G20（20国集团）等平台及其他双边和多边国际合作，积极推动国际农业文化遗产保护，对世界农业文化遗产保护做出了

---

① 农业部于2018年4月8日更名为农业农村部。
② 截至2022年12月，农业农村部已发布六批118项"中国重要农业文化遗产"。
③ 2019年发布了第二批36项全球重要农业文化遗产预备名单。

重要贡献。

当前，我国正处在全面建成小康社会的决定性阶段，正在为实现中华民族伟大复兴的中国梦而努力奋斗。推进农业供给侧结构性改革，加快农业现代化建设，实现农村全面小康，既要借鉴世界先进生产技术和经验，更要继承我国璀璨的农耕文明，弘扬优秀农业文化，学习前人智慧，汲取历史营养，坚持走中国特色农业现代化道路。"中国重要农业文化遗产系列读本"从历史、科学和现实三个维度，对中国农业文化遗产的产生、发展、演变以及农业文化遗产保护的成功经验和做法进行了系统梳理和总结，是对农业文化遗产保护宣传推介的有益尝试，也是我国农业文化遗产保护工作的重要成果。

我相信，这套丛书的出版一定会对今天的农业实践提供指导和借鉴，必将进一步提高全社会保护农业文化遗产的意识，对传承好弘扬好中华优秀文化发挥重要作用！

农业部部长 韩长赋

2017年6月

序言

自有人类历史文明以来，勤劳的中国人民运用自己的聪明智慧，与自然共融共存，依山而住、傍水而居，经过一代代努力和积累，创造出了悠久而灿烂的中华农耕文明，成为中华传统文化的重要基础和组成部分，并曾引领世界农业文明数千年，其中所蕴含的丰富的生态哲学思想和生态农业理念，至今对于世界农业可持续发展依然具有重要的指导意义和参考价值。

针对工业化农业所造成的农业生物多样性丧失、农业生态系统功能退化、农业生态环境质量下降、农业可持续发展能力减弱、农业文化传承受阻等问题，联合国粮农组织（FAO）在全球环境基金（GEF）等国际组织和有关国家政府的支持下，发起了"全球重要农业文化遗产（GIAHS）"倡议，以发掘、保护、利用、传承世界范围内具有重要意义的，包括农业物种资源与生物多样性、传统知识和技术、农业生态与文化景观、农业可持续发展模式等在内的传统农业系统。

全球重要农业文化遗产的概念和理念甫一提出，就得到了国际社会的广泛响应和支持。截至2014年年底，已有13个国家的31项传统农业系统被列入GIAHS保护名录[①]。经过努力，在2015年6月结束的联合国粮农组织大会上，已明确将GIAHS工作作为一项重要工作，纳入常规预算支持。

中国是最早响应并积极支持该项工作的国家之一，并在全球重要农业文化遗产申报与保护、中国重要农业文化遗产发掘与保护、推进重要农业文化遗产领域的国际合作、促进遗产地居民和全社会农业文化遗产保护意识的提高、促进遗产地经济社会可持续发展和传统文化传承、人才培养与能力建设、农业文化遗产价值评估和动态保护机制与途径探索等方面取得了令世人瞩目的成绩，成为全球农业文化遗产保护的榜样，成为理论和实践高度融合的新的学科生长点、农业国际合作的特色工作、美丽乡村建设和农村生态文明建设的重要抓手。自2005年"浙江青田稻鱼共生系统"被列为首批"全球重要农业文化遗产系统"以来的10年间，我国已拥有11个全球重要农业文化遗产，居于世界各国之首[②]；2012年开展中国重要农业文化遗产发掘与保护，2013年和2014年共有39个项目得到认定[③]，成为最早开展国家级农业文化遗产发掘与保护的国家；重要农业文化遗产管理的体制与机制趋于完善，并初步建立了"保护优先、合理利用，整体保护、协调发展，动态保护、功能拓展，多方参与、惠益共享"的保护方针和"政府主导、分级管理、多方参与"的管

① 截至2022年12月，已有24个国家和地区的72项传统农业系统被列入GIAHS保护名录。
② 截至2022年12月，我国已有19项全球重要农业文化遗产，数量居于世界各国之首。
③ 2013年、2014年、2015年、2017年、2020、2021年共有六批138项中国重要农业文化遗产得到了认定。

理机制；从历史文化、系统功能、动态保护、发展战略等方面开展了多学科综合研究，初步形成了一支包括农业历史、农业生态、农业经济、农业政策、农业旅游、乡村发展、农业民俗以及民族学与人类学等领域专家在内的研究队伍；通过技术指导、示范带动等多种途径，有效保护了遗产地农业生物多样性与传统文化，促进了农业与农村的可持续发展，提高了农户的文化自觉性和自豪感，改善了农村生态环境，带动了休闲农业与乡村旅游的发展，提高了农民收入与农村经济发展水平，产生了良好的生态效益、社会效益和经济效益。

习近平总书记指出，农耕文化是我国农业的宝贵财富，是中华文化的重要组成部分，不仅不能丢，而且要不断发扬光大。农村是我国传统文明的发源地，乡土文化的根不能断，农村不能成为荒芜的农村、留守的农村、记忆中的故园。这是对我国农业文化遗产重要性的高度概括，也为我国农业文化遗产的保护与发展指明了方向。

尽管中国在农业文化遗产保护与发展上已处于世界领先地位，但比较而言仍然属于"新生事物"，仍有很多人对农业文化遗产的价值和保护重要性缺乏认识，加强科普宣传仍然有很长的路要走。在农业部农产品加工局（乡镇企业局）的支持下[①]，中国农业出版社组织、闵庆文研究员及周峰担任本辑丛书主编的这套"中国重要农业文化遗产系列读本"，无疑是农业文化遗产保护宣传方面的一个有益尝试。每本书均由参与遗产申报的科研人员和地方管理人员共同完成，力图以朴实的语言、图文并茂的形式，全面介绍各农业文化遗产的系统特征与价值、传统知识与技术、生态文化与景观以及保护与发展等内容，并附以地方旅游景点、特色饮食、天气条件。可以

---

① 中国重要农业文化遗产工作现由农业农村部农村社会事业发展促进司管理。

说，这套书既是读者了解我国农业文化遗产宝贵财富的参考书，同时又是一套农业文化遗产地旅游的导游书。

我十分乐意向大家推荐这套丛书，也期望通过这套书的出版发行，使更多的人关注和参与到农业文化遗产的保护工作中来，为我国农业文化的传承与弘扬、农业的可持续发展、美丽乡村的建设做出贡献。

是为序。

中国工程院院士

联合国粮农组织全球重要农业文化遗产指导委员会主席

农业部全球／中国重要农业文化遗产专家委员会主任委员

中国农学会农业文化遗产分会第一届主任委员

中国科学院地理科学与资源研究所自然与文化遗产研究中心主任

2015 年 6 月 30 日

前言

内蒙古
阿鲁科尔沁草原游牧系统

内蒙古阿鲁科尔沁草原，位于中国正北方。

这片草原以"绿色、纯净"闻名遐迩。这里有雄伟巍峨的大兴安岭、开满鲜花的辽阔草原，但也尚有需要治理的茫茫沙地；这里有高亢嘹亮的田园牧歌，18℃的夏日温凉赶走大都市的炎热，蔚蓝如洗的辽阔天空能放飞人们疲惫的心灵。相比喧闹的城市，这就是让人魂牵梦萦的世外桃源。这里有一朵朵野花、满天的星光；这里没有城市密集的高楼，只有一顶顶蒙古包；这里没有城市的喧哗和噪音、尾气，纯净的草都荡涤着人们的心灵。

这里曾是辽金圣地、蒙元故里。旖旎的自然景点星罗棋布，厚重的人文历史吸引着人们一探究竟。被阿鲁科尔沁人尊为父亲的罕山、奉为母亲的海哈尔河，历百代光阴而永驻，越千年风雨而不朽，一如当初的壮美和丰盈。

为了保护这一珍贵的自然和文化资源，阿鲁科尔沁旗启动了"中国重要农业文化遗产——内蒙古阿鲁科尔沁草原游牧系统"申报工作，2014年6月该系统被农业部批准为中国重要农业文化遗产，2022年5月，该系统被联合国粮农组织（FAO）正式认定为全球重要农业文化遗产（GIAHS）。

万物变化，这片土地仍旧受上天眷顾。阿鲁科尔沁草原游牧系统，带着蒙古族游牧历史的沧桑印记，栉风沐雨，从漫长的时光里逶迤而来，为子孙后代留下了丰富的物质和精神财富，成为中国北疆一道亮丽的风景线！这片没有被污染的草原，这些在此生生不息的牧民，是传统草原游牧文化的传承之根、繁衍之魂。无论从历史、科学还是现实维度上看，我们都能从中汲取给人启迪的智慧和营养。

我们满怀真挚的感情，带着探寻的目光，抽丝剥茧，去繁就简，力图用一种简洁的白描手法，向广大读者全景展示阿鲁科尔沁草原游牧系统的全貌，原汁原味呈现这里的人、这里的事、这里的历史、这里的未来，并由此追踪和发现这片神奇的土地"绿色""纯净"的自然密码。

阿鲁科尔沁草原四季景色各异，春花、夏草、秋实、冬雪之中尤以夏秋季节景色最美。那两个季节，水草丰沛、鲜花遍地、牛肥马壮，雨后的草原宛若人间仙境，天空中翻滚的云富有层次，地面上湿漉漉的野花明艳照人……深深地呼吸一口混合着泥土、青草清香的空气，让人感觉心旷神怡。如果你兴致正酣，还可以走进草原盛会那达慕，策马扬鞭，感受在云端飞驰的酣畅。那奔跑疾驰的节奏感，那呼之欲出的满怀豪情，那值得反复玩味的神奇魅力，定能让你永远不会忘记。

阿鲁科尔沁旗，一个来了还想来的地方。

生活不止眼前的忙碌，还有阿鲁科尔沁旗草原上的诗和远方。

本书在框架设计、讨论修改、搜集资料和照片筛选等过程中，得到了阿鲁科尔沁旗领导和有关部门的全力指导、支持和配合，此书得以成稿是集体智慧的结晶。特别感谢于伟东、孟晓冰、裴焕斌等的重要贡献；特别感谢文史专家宝力道老师对历史事件、人物和民俗风情等内容的审定和指正；特别感谢杨伟东、白音查干等摄影家提供的宝贵图片资料，他们精美绝伦的摄影作品，为读者展开了科尔沁草原的神奇画卷，也为本书的可读性增光添彩。本书序言、各章首页图片在正文中也有出现，其拍摄者已在正文图片下注明，正文中未标注署名的图片均由阿鲁科尔沁旗草原游牧系统委员会办公室提供。

本书编写过程中参阅了多种历史文献、学术专著和研究论文，限于篇幅，恕不一一列出，祈请见谅。对濒于消失的草原游牧系统进行描述，不仅是一次宝贵的学习机会，也是对编者知识储备、历史视野和编写水平的挑战，其中难免存在不当或错讹之处，恳请读者指正赐教。

编　　者

2022 年 10 月

目录

内蒙古阿鲁科尔沁
草原游牧系统

五 | **传统游牧与现代农业之结合** /093

附录 /149

▶ 扫描二维码，带您领略美丽的阿鲁科尔沁草原风光，

了解历史悠久的阿鲁科尔沁草原游牧系统

内蒙古阿鲁科尔沁草原游牧系统

阿鲁科尔沁旗位于内蒙古自治区赤峰市东北部地区，地处东经119°2′15″至120°1′，北纬43°21′43″至45°24′20″的范围内。东与扎鲁特旗为邻，南与开鲁县、翁牛特旗为邻，西和西南接巴林左旗、巴林右旗，北与西乌珠穆沁旗接壤。全域南北长232公里，东西宽114.4公里，总面积14 555平方公里。这里是大兴安岭中山山地向科尔沁沙地过渡的区域，地貌地势表现为山峦起伏、丘陵广布、平川狭长。北部为山区，中西部为丘陵区，东南部为科尔沁沙地草原，总体为西北高、东南低。海拔最高1 540米（巴代艾来峰），最低261米，平均海拔430米。西拉木伦河、新开河在域内南部从西向东蜿蜒而过，发源于北部山区的海哈尔河、苏吉格勒河、达拉尔河在敖勒吉尔嘎查汇合后统称海哈尔河，向南流去。

这里山川秀丽，人杰地灵。大兴安岭巍峨雄伟，科尔沁草原茫茫无际，溪水河流蜿蜒曲折，湖泊湿地浩瀚碧绿。在这独特的地理环境和人文历史背景下，千百年来曾生活着东胡、乌桓、鲜卑、契丹、女真、蒙古等多个民族，他们繁衍生息，过着"转徙随时，车马为家"的生活，一年四季"因宜为治，秋冬违寒，春夏避暑，随水草就畋渔，岁以为常"。漫漫历史长河，孕育出了体现着草原民族与大自然和谐共生传统智慧的游牧文化，并最终以内蒙古阿鲁科尔沁草原游牧系统的方式保留了下来，为中华文明增添了丰富多彩的篇章。

"内蒙古阿鲁科尔沁草原游牧系统"农业文化遗产地核心保护区位于阿鲁科尔沁旗最北部的巴彦温都尔苏木，总面积4 141.8平方公里。由于大兴安岭山地形成了天然的地理屏障，自清康熙以来溯西辽河、西拉木伦河而上，受"放垦"为特征的农耕化冲击，止于大兴安岭南坡海拔800米界限以下。直到20世纪90年代初期，阿鲁科尔沁旗大兴安岭北坡及其延伸部分与东乌珠穆沁旗交界部分，都还有大片草场尚未划定旗县行政边界，因此以家庭为单位的草原承包制度始终没有实行，一度普遍推广的草库伦、网围栏建设工程在这里也没有全面铺开。长期以来，这里依旧是地域辽阔、没有人为隔离的天然大草原。这就为牧民们季节性转场放牧（游牧）创造了有利的条件，同时也得以保留了春夏季节北移，秋末季节南迁的迁徙游牧传统。

每年春末，居住于大兴安岭南坡巴彦温都尔苏木的牧民们，以嘎查和牧民小组为单位，带着帐篷及生活用品，赶着牛羊马群，成群结队向北迁徙放牧。他们沿着达拉尔河、苏吉格勒河、海哈尔河向上游跋涉，越过大兴安岭山脉，向北边的传统牧场挺进。经过2～3天的跋山涉水，风餐露宿，他们抵达了浑都伦、查干温都尔、塔林花、宝日温都尔、雅图特、乌兰哈达6个牧场，在这里搭建蒙古包、围上牛羊圈，开始长达4个多月的游牧生活。

这里的人们至今还部分保留着蒙古族牧民传统的"逐水草而居，食肉饮酪"的生活方式，游牧民－牲畜－草原（河流）之间形成了天然的相互依存和相互制约的关系。其显著特征在于充分利用大自然恩赐的资源和环境来延续游牧民的生存和发展——人和牲畜不断地迁徙

阿鲁科尔沁旗草原（摄影／包金锁）

和流动——从而既能够保证牲畜不断获得充足的饲草，又能够避免由于畜群长期滞留一个地区而导致草场过载，草地资源退化。蒙古族游牧民把这里的草原、河流视若自己的衣食父母，心中充满爱戴与敬仰；他们把牛、羊、马、驼等当成自己生产和生活中不可缺少的依靠。和谐共处的生产、生活方式，不仅保存了古老的游牧文明，也保护了自然和生态环境，不断孕育和发展着蒙古族这一草原民族所独有的生产方式、生活习俗、文化特质和宗教信仰，时刻体现着深藏在蒙古族人民血脉之中的崇尚天意、敬畏自然、天人合一的生活理念。直至今日，这种理念仍显得那么合理和珍贵，并且还在随着社会的进步而不断更新、演化和传承。

随着社会经济的发展，本地传统的游牧文化因为受到农耕文明、商业文明和工业文明的影响而逐渐衰微。大面积开垦耕地导致草原大大减少、草地生态系统退化，昔日纯放牧的草原景观变为南农北牧的半农半牧区，农耕替代游牧、定居替代迁徙，基于草原而存在的传统的游牧产业对于人们的生产与生活来说已经变得不再那么重要，游牧民生产生活方式也发生了明显变化。随着近现代历史的变迁，本地人口和民族结构也发生了巨大变化。截至2018年，阿鲁科尔沁旗总人口292 822人，以蒙古族人口为主体，汉族人口为大多

数，此外，回族、满族、朝鲜族、达斡尔族、鄂温克族、鄂伦春族、壮族、藏族、锡伯族、苗族、土家族和彝族等多个民族也生活在这片土地上。

当前，阿鲁科尔沁草原游牧系统面对的主要威胁是开垦耕地、过度放牧、风能电站开发、矿产和露天煤矿开采等所导致的生态退化，自然保护区的建设在一定程度上压缩了迁徙通道和放牧范围，当代生产生活方式给牧民们传统的文化、习俗、认知等也带来了潜移默化的影响。面对来自系统内外的影响和冲击，加大力度保护该游牧系统迫在眉睫。

探寻马背民族的古往今来

一

内蒙古阿鲁科尔沁草原游牧系统

（一）寻觅原住先民悠远牧歌

　　内蒙古阿鲁科尔沁草原游牧系统核心区及其周边广大地区位于大兴安岭西南余脉，是科尔沁草原和锡林郭勒草原的交接带，自古以来就是游牧民族狩猎和进行游牧活动的栖息地。

　　在新石器或是更久远的年代，科尔沁草原便留下了古代先民的生活足迹。在风吹草低、牛羊成群的草原，在清河蜿蜒回转间，在千军万马奔腾呼啸的历史长河里，科尔沁草原曾见证了部族之间的刀光剑影、狼烟号鸣，这里曾经先后出现过匈奴、东胡、乌桓、鲜卑、柔然、契丹、蒙古等北方游牧民族，他们的活动对后来的蒙古族的形成产生了重要的影响。

　　从上古到春秋前期，科尔沁草原上居住的是以讲"通古斯"（也有称"突古斯"）语的来自蒙古高原蒙古利亚种系的部族和来自贝加尔湖、西伯利亚以及内外兴安岭之间的游牧民族、渔猎民族和狩猎

牧民狩猎途中（摄影／邹宝良）

民族等多个部落群体。这里先后出现了荤粥（音"勋育"）北部、猃狁（音"险允"）东部、馘（音"胡"）中部，戎中部、南部，狄南部和中西部等多个氏族和部落，并经过了长期的战争、兼并、交往、融合。

春秋战国时期，上述各氏族和部落逐渐汇集成较大的部落联盟，被称为"东胡人"。相当长的一个时期，这里形成了以"东胡人"为主体的多民族统一体的部落联盟，并创造了辉煌的"东胡文化"。今天分布在科尔沁草原上的夏家店上层文化遗存应该是早期东胡人留下的文化遗存。到了秦末，东胡被逐渐强大的匈奴瓦解。被瓦解的部落中一支以乌桓为号，一支以鲜卑为号。

东汉时期，鲜卑族逐渐强大起来，建立起了包括慕容鲜卑、宇文鲜卑和拓跋鲜卑在内的部落联盟。联盟领袖檀石槐将其领域分为东部、中部、西部三部分，科尔沁草原便在其东部管辖之内。随后，慕容鲜卑部南迁，从游牧生活逐渐转变为农耕生活，而后建立了燕国。宇文鲜卑则逐渐分化出两个小部落，其中一个便是契丹。

到了南北朝时期，活跃在草原上的是拓跋鲜卑的后裔柔然一族，柔然曾一度与北魏交战，最后战败迁至漠北。之后，草原上便是突厥称霸，当时室韦诸部、契丹均臣属突厥，隋文帝时采用"远交而近攻，离强而合弱"的策略离间突厥，使其分为了东突厥和西突厥两部，西突厥在隋朝时被东突厥击败。

在唐太宗时东突厥被灭，一部分人降唐，一部分人西迁，唐贞观二年（公元628年），臣属东突厥的契丹部举部降唐，阿鲁科尔沁属契丹大贺氏部落联盟。安史之乱后，本地辖于回纥汗国近百

科尔沁草原雕（摄影／嘎巴特尔）

牧民套马（摄影／邹宝良）

年，但是原住民仍为契丹部落和库莫奚族（奚人部落）。

唐朝末年，宇文鲜卑后裔契丹族逐渐强大，唐天佑四年（公元907年），越王耶律阿保机取代契丹可汗的地位，即皇帝位，国号为辽。于今巴林左旗的林东镇置辽朝首都上京，所在地称为临潢府。女真金朝灭契丹辽朝后，大量女真人游牧至此，契丹人逐渐向西或东部遣散，金后期，蒙兀儿人逐渐由漠北及呼伦贝尔地区南迁来此。

元朝时期，公元1214年，成吉思汗在迭蔑可儿驻夏时，将西起今锡林郭勒盟南之阿巴哈纳尔，南达落马河（赤峰），东接扎鲁特，北至兴安岭南段的大片土地，分封给特薛禅之子按陈、火忽、册那颜等。元朝加强了中央集权的统治，平息了发生在西拉木伦河流域一带东道诸王的叛乱，并使此地区划归辽阳行省开元路、中书省泰宁路和宁昌路管辖。

明朝时期，在老哈河、西拉木伦河等流域设立了兀良哈三卫指挥司，为潢水兀良哈地（泰宁、福余、朵颜三卫）泰宁卫领辖，归辽东都指挥使司管辖，蒙古族人民继续在北方草原上游牧。

明嘉靖三年（公元1524年），哈布图哈萨尔14世孙奎蒙克塔斯哈喇一系为躲避战乱，率部从世袭领地南迁游牧于嫩江流域，嫩科尔沁部名称由此开始固定。留驻的科尔沁部落被称为阿鲁科尔沁。明嘉靖二十五年（公元1546年），阿鲁科尔沁部昆都伦岱青率部随达延汗曾孙迁至兀良哈三卫地，择兴安岭以南，西拉木伦河北岸而居，号为阿鲁科尔沁之地，服属"北元"察哈尔部。

清代，科尔沁草原长期为蒙古族部落的分封放牧地，部落建制逐渐稳定。清崇德四年（公元1639年），阿鲁科尔沁、克什克腾、敖汉、奈曼、巴林、扎鲁特、喀尔喀左旗、翁牛特等8部11旗会盟于西拉木伦河北岸，敕以"扎衮乌达楚古拉干"，即昭乌达盟。

阿鲁科尔沁旗所在地主要历史节点演变请见表1-1。

天地洪荒蕴生灵（摄影／包金锁）

表1-1　阿鲁科尔沁旗所在地主要历史节点演变过程①

年代	游牧地情况及居住民族	归属
新石器时期	狩猎与原始游牧	原始部落
春秋战国、南北朝 公元前 770—公元 581 年	属东胡、匈奴、乌桓、鲜卑人游牧地	原始部落
隋、唐、宋、辽、金等 公元 220—1271 年	分别为契丹、库莫奚、女真、蒙兀儿人游牧地	原始部落
元 公元 1271—1368 年	蒙古族游牧地，初为辽王耶律留哥的封地，后为弘吉剌氏特薛禅后裔领地	隶中书省领泰宁路
明 公元 1368—1644 年	蒙古族部落世袭游牧地	潢水兀良哈地泰宁卫领辖
明嘉靖 期间　公元 1522—1566 年	成吉思汗之弟合撒儿第十五世孙昆都伦岱青率部迁居西拉木伦河北岸（公元 1546 年）	兀良哈三卫地，明朝分封察哈尔部统领
后金 公元 1616—1636 年	蒙古族部落世袭游牧地，阿鲁科尔沁旗正式建置于西拉木伦河北岸	蒙古部落第 35 任大汗林丹巴图尔汗（号呼图克图汗）统辖
清 公元 1636—1912 年	蒙古族各部落，康熙中期放垦，汉族移民，游牧范围和游牧人口减少	清朝分封地，属昭乌达盟
民国 公元 1912—1949 年 9 月 30 日	蒙古族及内地汉族移民开垦科尔沁草原，游牧范围和游牧人口大减	中华民国察哈尔省属地
中华人民共和国成立后 公元 1949 年 10 月 1 日—	蒙古族、汉族等多民族，山前草场多被开垦，仅余山北草场可供游牧	归昭乌达盟，后改名赤峰市所管辖

（二）惊看成吉思汗金戈铁马

　　提到蒙古族及其历史，人们不禁要以敬仰之心追溯这个伟大民族的先祖——成吉思汗，是他统一了蒙古族各部落，缔造了强大的蒙古帝国。让我们撷取历史的片段，回顾一下他的功绩吧。

　　成吉思汗全名孛儿只斤·铁木真（公元1162-1227年），蒙古乞

① 此表根据《阿鲁科尔沁旗志》《蒙古秘史》《内蒙古通史纲要》《中国古代北方民族通论》整理而得。

发源于蒙古国肯特山东部的鄂嫩河（古称斡难河）（摄影／额尔敦布尔干）

母亲诃额伦和她的孩子们（左1铁木真，右1合撒儿）（摄影／姚子龙）

颜部人，尼鲁温蒙古部首领也速该把阿秃儿与妻子诃额伦的长子，生于漠北斡难河上游地区（今蒙古国肯特山东部鄂嫩河）。幼年和青年时的铁木真历经磨难，父亲被塔塔尔人毒杀、家庭被部落遗弃而孤独漂泊、本人数次被追杀而落难、妻子孛儿帖被蔑儿乞惕人掳走再抢回。但是铁木真和他的弟妹们在母亲诃额伦的养育下，在自己妻子孛儿帖的辅佐下，战胜了各种磨难，也逐渐在蒙古部落中以超凡的人格魅力树立了王者威望。

公元1189年，27岁的铁木真在几个部族首领的誓言声中，被立为蒙古乞颜部可汗。铁木真有着卓绝的军事天赋和政治才干，他一生南征北战，以非凡的毅力，统一了蒙古族各部族，先后收服了数以百计的相互仇杀的游牧部落，最终统一了整个蒙古民族，他的蒙古军的铁骑曾横扫欧亚，刀锋直指东瀛，建立了强大的蒙古帝国。

1. 十三翼之战

铁木真被推举为可汗后，他的蒙古乞颜部迅速发展壮大，引起本是他结拜安答的札答阑部首领札木合的不满。公元1190年，札木合以报弟弟被杀之仇的名义，号召札答阑、泰亦赤兀惕等13部3万兵力组成联军对铁木

蒙古帝国发源地肯特山（古称不儿罕山）（摄影／姚予龙）

真进行讨伐，铁木真当时在克鲁伦河上游古连勒古山一带驻牧，他也将属部分成13翼兵力迎战于答阑巴勒主惕（今蒙古国温都尔罕西北）。由于札木合13部联军人数众多，铁木真在蒙古军第一翼受到重创时，及时调整策略，命令其他人马有序撤退至斡难河（今鄂嫩河）上源哲列捏大狭谷地带。然而，自以为获得胜利的札木合做出了令人发指的行为，残忍地将俘虏一个一个投掷到油锅中。正是他的这一残暴的行为，让他丧失了人心。和札木合的残暴相比，铁木真顺应天意，用仁义之心收服了诸多部落，从而使得自己部落的势力不断壮大。

2. 扫荡塔塔儿

铁木真部落势力逐渐壮大，开始清除草原上诸多部落的武力威胁，有弑祖杀父之仇的塔塔儿部落更是铁木真的心头大患。公元1196年，铁木真借塔塔儿部落受到金人讨伐遭受重创之际，在王罕部落的助攻下，直捣塔塔儿人在乌勒吉河附近的巢穴，击溃塔塔儿部落。公元1202年秋，铁木真挥师征讨位于答阑捏木尔格思一地（位于今蒙古国东部讷墨尔根河流域一带）的数个塔塔儿部落，并彻底将其征服，铁木真尽俘其人畜以归①，征服塔塔儿部落是铁木真称霸草原的重要一步，从此，铁木真不断收服蒙古各部落，名声和威望日渐高涨。

---

① 特.官布扎布著，阿斯钢译.《蒙古秘史》：新华出版社，2005年12月：第99页；陈显泗主编.《中外战争战役大辞典》：湖南出版社，1992年12月：第156页。

蒙古国东部的克鲁伦河（古称客鲁涟河）下游（摄影／姚予龙）

3. 班朱尼河盟誓

铁木真的势力渐强，引起了曾与之长期结盟互保的客列易惕部落王罕的嫉恨和敌视。公元1202年春天，王罕骗铁木真赴婚宴不成，便联合札木合向铁木真发动突然袭击。铁木真仓促应战而败，逃亡途经班朱尼河（今呼伦湖西南）时，仅有19人追随身边，他和追随者同饮河水并立誓："如果我建立大业，一定和追随我到此的兄弟同甘共苦，如果违背誓言，就像这河水一样。"这就是蒙古历史上著名的班朱尼河盟誓。

铁木真一直退到贝尔湖以东地区，重新召集人马，休整军队。秋天，铁木真趁王罕骄傲麻痹、不加防备在驻地载歌载舞欢庆胜利之时，秘密派兵包围，突然攻击。经过三天三夜的激战，占领了王罕的金帐，完全消灭了客列易惕部，王罕逃到鄂尔浑河畔之后被乃蛮人杀死。

深秋的图拉河上游和肯特山脉（摄影／姚予龙）

蒙古高原鄂尔浑河流域（古代乃蛮部活动区域）（摄影／姚予龙）

4. 灭绝乃蛮部

在征服了塔塔儿和王罕的客列易惕等部落之后，还有一个可以与铁木真抗衡的部落是乃蛮部。作为称霸草原的一部分，铁木真曾征伐乃蛮部数次未成。公元1203年冬，铁木真开展军队整顿，部落士气和战斗力大增。

蒙古国色楞格河（古称薛凉格河，古代上游生活着乃蛮部等）（摄影／姚予龙）

　　公元1204年春，铁木真举行了庄严的出征祭旗仪式和声势浩大的忽里台大会，随后挥师溯克鲁伦河杀向乃蛮部营地。铁木真初战乃蛮部于萨里川，继而向西追击，两军决战于蒙古中部的杭爱岭山脚察乞儿马兀惕，铁木真自己打前锋。当天夜里，铁木真率部发起攻击，退守山崖的乃蛮部众在火烧、箭射、刀砍中迅速溃逃，首领太阳汗被俘。铁木真乘胜追击，残余的乃蛮贵族的势力和蔑儿乞惕三部之余众，相继被征服。漠南汪古部和斡亦剌部等多个部落相继归附铁木真。

色楞格河与鄂尔浑河交会处（古代乃蛮部、蔑儿乞惕部活动区域）（摄影／姚予龙）

5.草原会盟正式称汗

为了使自己的地位正统化并宣布一个新生的强大联盟的产生，铁木真于公元1206年召集各部落首领和他的功臣们在斡难河河源（肯特山东麓）召开了漠北草原空前的忽里勒台（诸王大聚会），并举行了庄严的立旗仪式，飘扬的圣旗象征着长生天对立旗人授予了统治草原的权力。大家一致推举铁木真为全蒙古的大汗，并且在萨满教徒代表帖卜·腾格里（即"通天巫"之意，他让人们如此称呼他）的见证下，举行了加冕仪式，铁木真正式成为"成吉思汗"。"成吉思汗"者，乃"赖长生天之力而为汗者"也。之后，成吉思汗为自己的国家取名为"也客·忙豁勒·兀鲁思"，即汉语的"大蒙古国"，他也正式以"成吉思汗"的名号开始一统草原部落。他进行了分封行赏，实行千户制，扩建怯薛军，颁布《大扎撒》，并创立了蒙古文等。自此，成吉思汗终于完成了统一全蒙古的大业，统辖地域东起大兴安岭，西至阿尔泰山，南达阴山边界。

蒙古国纳莱赫市东部的成吉思汗像远景（摄影／姚予龙）

（三）静听马头琴声悲凉述说

马头琴是草原上蒙古族的代表乐器，其音色能够很好地表达蒙古族儿女的心声，辽阔的草原、呼啸的狂风、奔腾的马蹄、哀鸣的鸿雁、冰寒的弯刀……都在马头琴声的抑扬顿挫中展现得淋漓尽致。

蒙古国纳莱赫市东部的成吉思汗像近景（摄影／姚予龙）

公元1227年夏，成吉思汗在最后一次征伐西夏的途中离开了这个世界，呜咽的马头琴声回荡在整个草原的上空，风云为之变色，雄鹰不再盘旋。关于成吉思汗的死因和墓穴所在地，历史学家们一直以来都存在着争议，众说纷纭，一直到今天，也没有定论。

在内蒙古自治区鄂尔多斯市伊金霍洛旗的甘德尔草原上，有一座成吉思汗陵。传说，成吉思汗去世后，运送其灵柩的灵车行至此地时，车轮突然陷进沼泽地里，套上很多牛马都拽不出来。护送灵车的将领回想起成吉思汗征战路过此地时曾经说过："这里是梅花鹿儿栖身之所，戴胜鸟儿育雏之乡，衰落王朝振兴之地，白发老翁享乐之邦。我死后可葬于此处。"于是将其毡包、身穿的衫子和一只袜子安放于祭灵白室，形成了八百宫。

蒙古国纳莱赫市东部成吉思汗雕像内展示的成吉思汗战靴放大样（摄影／姚予龙）

在成吉思汗的率领下，从公元1219年到1260年，蒙古族三次西征，先后建立横跨欧亚的窝阔台汗国、察合台汗国、钦察汗国、伊儿汗国四大汗国。在西征的同时，又挥师南下。从成吉思汗到忽必烈，历经70余年征战，统一了中国，建立元朝。忽必烈是成吉思汗四子拖雷的儿子，在经历了汗位之争等内战之后终于建立了国家，国号为"元"，取"大哉乾元"之意。元朝的统一，结束了自唐末藩镇割据以来中国的南北对峙、多个民族政权长期并存的分裂和战乱局面，推动了多民族统一国家的巩固和发展。

公元1367年，朱元璋北伐，元大都沦陷，元惠宗仓皇北逃至上都，后至应昌，元朝作为一个全国性的政权统治结束。与辽、金、西夏等少数民族政权不同，元惠宗妥欢帖木儿既没有战死，也没有自杀，而是率领着王族和所剩的军队撤退到了自己祖先曾经兴起的故地——蒙古高原。元朝的灭亡，只是使蒙古帝国失去了中原的领土，而蒙古帝国依然存在，这就是历史上的北元。到了元惠宗的孙子脱古思帖木儿继位时，这位第三任北元皇帝所能控制的领土已经缩小到蒙古帝国最初兴起时的规模。

经历了漫长的外部战争、内部王位之争之后，公元1604年林丹继承汗位，从继位始，便开始重新统一各部，1627年派兵收服右翼鄂

图拉河中游，铁木真与客列易惕部王罕曾在此结盟（摄影／姚予龙）

尔多斯、喀喇沁、土默特等部，与喀尔喀部却图汗结为联盟。但是，由于漠南蒙古部落各自独立，林丹汗的统治能力仅及察哈尔蒙古几个部落，特别是他的主要敌人是日益强盛的后金皇帝努尔哈赤和皇太极。公元1632年，后金汗皇太极讨伐林丹汗，迫其远遁青海，公元1634年，林丹汗死于青海。公元1635年，多尔衮与岳托等领兵万人渡过黄河，招降林丹汗残余部众，林丹汗的妻子和儿子归降，交出可汗印信，蒙古帝国的汗位至此断绝，而蒙古帝国，也永远地消失了。

二

科尔沁草原的历史变迁

　　科尔沁草原地域辽阔、物产丰饶。北部是蒙古高原南端和大兴安岭中部山地，这里草木丰盛、宜牧宜猎，许多渔猎民族和游牧民族都曾在这里发源和繁衍。中部辽河平原和嫩江平原地肥水美，地域平坦辽阔，宜农宜牧，许多游牧民族在这里经历了起源、成长、壮大、迁移直至消亡的历程。南部紧邻辽西山地和燕山北麓，是游牧文化向农耕文化过渡地带，更适宜发展农耕经济，许多游牧民族、渔猎民族在这里走向了经济发展的辉煌阶段，并由此完成了一个游牧民族、渔猎民族发展的青壮年时期，成功地为走进中原做好了准备。

苍茫大草原（摄影／包金锁）

新石器时代石锄（摄影／白音查干）

玉斧（摄影／白音查干）

科尔沁草原西南部的红山文化、中北部的富河文化、东部的昂昂溪文化，以及南部、中部平原上的夏家店文化都充分证实，昔日的科尔沁草原是人类繁衍生息的理想之地，曾孕育出了古老的人类文明。

科尔沁草原生产方式发生的变迁，其主要历程是：采集、渔猎与原始农业→部落游牧业→游牧兼农耕→农牧结合。

（一）原始农业与游牧时期

1. 新石器时期——采集、渔猎、畜牧与原始农业

在人类发展的早期，采集、渔猎、畜牧与原始农业相伴存在。在现阿鲁科尔沁旗赛罕塔拉苏木宝力召域内，曾发现几处新石器时代人类居住的遗址，出土石斧、玉斧、石铲多件，这些物证表明，远在新石器时期，人们就开始在这里从事采集、渔猎、畜牧等原始农业生产活动。

新石器——红陶罐（摄影／白音查干）

2. 春秋战国时期——游牧系统初具雏形

随着农业生产内部结构进一步分化，以迁徙生活为代表的游牧业逐渐游离出来，形成独立的生产部门。春秋战国时期，诞生并兴起于漠南黄河河套地区和阴山（今内蒙古狼山、大青山等）一带的匈奴系民族开始发展壮大，利用中原各国陷于混战之机，雄起于欧

亚草原，成为第一个实现统一的北方游牧民族政权。这些非农业民族牲畜成群，骑马战斗，具有"行国"的特征，"随阳而居，逐水草而迁"。这一马上民族自从公元前5世纪左右登上历史舞台后，在近十个世纪内创造了灿烂的游牧文明，对中国及世界历史产生了深远影响。同时，科尔沁草原逐渐出现了东胡、乌桓、鲜卑等游牧民族。

皮囊状酒具（摄影／白音查干）

3. 秦汉时期——农耕和游牧两种生产方式以长城为界共存

由于受自然条件、人文环境和生产力等多要素影响，我国北方地区大致以长城为界，分为农耕文化区和游牧文化区。作为从农业生产内部分化出的游牧业，其完全从农业聚落中脱离出来，牧民和牲畜获得了广阔的生存地域空间，牲畜规模也远大于养殖畜牧业。对于生活在科尔沁草原上的历代游牧民来说，"逐水草而居"是唯一可行的生产生活方式。它充分利用大自然的资源和环境来延续游牧人的生存技能。人和牲畜不断地迁徙和流动，既能够保证牧群不断获得充足的饲草，又能够避免长期滞留一地带来的草地资源退化。这个时期，契丹、库莫奚、女真、蒙兀儿人在此地逐渐出现和发展，后来还成了这里的主人。

4. 辽、金、元、明时期——游牧生产方式盛行

据史书记载，契丹是"以畜牧射猎为业""随水草就畋渔"。关于蒙古人的畜牧业，记载称：正北至蒙古里国，国无君长所管，亦无耕

种，以弋猎为业，不常其居，每四季出行，唯逐水草，所食唯肉酪而已。

近年来考古发现的辽代壁画墓中，从与人共同生活的马、牛、羊可以看出，当时的畜牧业已成为主导产业，马已成为主要交通工具。可以想象，一千多年前的阿鲁科尔沁草原就是广阔的牧场，有成群的骏马和牛羊。从精雕细刻的马鞍具、弓、箭、木制油漆家具、饰具等可以看出当时生活在这里的人们，不但经营着畜牧业，而且还兼营狩猎业，同时手工业已达到相当高的水平。这也就说明了，至少自辽代开始，此地区的游牧业已经较为发达。

牵马图（摄影／白音查干）

山羊图（摄影／白音查干）

（二）游牧业兼农耕业时期

1. 清朝时期——游牧草地因垦荒而受到破坏

清代以前以长城为农牧分界线，北部是以游牧为主的牧业区，南部是以农耕为主的农业区。清初牧业区与农业区大体以长城与柳条边为分界线。柳条边是清朝成立后，于17世纪中后期（公元1653—1681年）陆续修筑的一道边墙，因沿边植柳而得名。其作用主要是限制汉民进入东蒙、吉林、黑龙江等地，以保护满蒙两族的土地资源和稳定。清朝以来，蒙地经过二百多年的开垦，尤其是清末"开放蒙荒""移民实边"等政策的实施，大量内地汉民越过长城，将大量牧草地和荒地开垦成耕地，致使农耕北界线不断向北推进，打破了蒙地单一游牧的状态。

清代的放垦与移民现象，同清政府对蒙古地区实施的土地政策是分不开的，其发展可分为三个阶段。

从清初到乾隆十三年（公元1748年）是移民初始阶段。这一阶段，一方面清廷对蒙古地区实行封禁政策，从顺治十二年（公元1655年）起就规定内地农民"不得往口外（指长城以北地区）开垦牧地"，康熙、雍正时也未作大的变动；另一方面，为了尽快恢复蒙古地区的社会经济，缓和社会矛盾，解决军粮供应和流民问题，对封禁政策并不严格执行，甚至劝导鼓励蒙古地区发展农业。

第二阶段，从乾隆十三年（公元1748年）到光绪二十八年（公元1902年），为蒙古地区移民扩张阶段。这一阶段，清朝在政策

草原晨曲（摄影／白俊）

上实行"禁垦",但是并没有抑制汉族人口移民活动。据统计,19世纪初蒙古地区的汉族人口已经超过了蒙古族人口。随着汉族移民的增加,土地减少,蒙旗出现了人多地少的矛盾,生存受到威胁。

第三阶段,是从光绪二十八年(公元1902年)至清末,这是内蒙古地区移民的高潮时期。清廷制定了"移民实边"的新政,全面放垦,内地移民如潮水般涌入。

历史地看待这个问题,自18世纪初,清政府实行"摊丁入亩"的新政后,直隶、山东、山西等省由于人口激增,大批农民流亡到口外开垦谋生。清政府"振兴农政,首重垦荒"[①],多次颁布上谕,饬各省督抚劝谕绅民将可垦之地开垦耕种,废除了以往的一切禁垦令,制定奖励垦荒的措施。在垦荒浪潮影响下,当地一些蒙古牧民也将牧地改种粮食。察哈尔部左翼四旗、热河围场、热河牧场、敖汉旗、巴林旗、东扎鲁特旗、西札鲁特旗的荒地先后一律放垦,对于以前不准汉民开垦,也不准八旗和蒙古王公私自放垦的荒地也实行放垦,

放牧(摄影/杨伟东)

① 苑朋欣.清末新政时期直隶的垦荒[J].古今农业,2002(04):42-46.

进入全面放垦时期。到光绪三十三年（公元1907年）底，阿鲁科尔沁旗以及东西扎鲁特旗三旗可耕种的土地达到8 000多公顷，草场受到了较大的破坏。

2. 民国时期，继续施行移民放垦政策

清朝之后，从关内向塞外移民的数量也继续保持着清末的增长势头。大规模地开垦蒙地始于清末，北洋政府时期延续了这个做法，在国民政府时期发展到高峰。至20世纪40年代末，除东部的呼伦贝尔和西部的锡林郭勒盟以及阿拉善旗、额济纳旗等少数盟旗尚保持游牧外，其他各盟旗全部或大部分被放垦，哲里木盟北部七旗的大兴安岭以东地区基本上成了农业区[1]。西部集宁至多伦一线以南的察哈尔左右翼南部，适耕地已垦辟殆尽，伊克昭盟南边沿线和北部河套一带也已基本变成农业区。20世纪初，内蒙古地区的汉族人口为百余万人，至1949年已猛增到了515万多人[2]。

（三）农牧业结合发展时期

新中国成立以后——游牧文明在社会发展中逐步与现代文明融合

新中国成立后，为了发展经济、恢复生产，在"多种多收、高产多收""以粮为纲"等政策的号召及强调粮食产量的背景下，大面

---

① 郝维民，齐木德道尔吉.内蒙古通史纲要，第493页.
② 衣保中，张立伟.清代以来内蒙古地区的移民开垦及其对生态环境的影响[J].史学集刊，2011（05）：88-96.

积草原被开垦成为耕地。其间，内蒙古经历了四次垦荒高潮，即新中国成立初期的经济恢复期（公元1949—1952年）、三年困难时期（公元1959—1961年）、十年动乱时期（公元1966—1976年）和1987年后掀起的"第四次垦荒高潮"。阿鲁科尔沁旗与科尔沁右翼中旗、扎鲁特旗已成为推动科尔沁地区耕地增加的三大"增长区"。三大"增长区"的耕地增加面积占科尔沁地区耕地增加面积的99.3%。经过近半个世纪的开荒，科尔沁地区的农垦区进一步北扩，随之阿鲁科尔沁旗、扎鲁特旗、科尔沁右翼中旗、巴林右旗的优质天然草牧场面积锐减，农耕北界线北上，移至接近于上述旗县的西北部行政界线。

现代化草场（摄影／李国有）

三

弓箭手

阿鲁科尔沁——北方

内蒙古阿鲁科尔沁草原游牧系统

（一）"黄金家族"的弓箭手

追根溯源，科尔沁部的始祖是成吉思汗之弟合撒儿（公元1164—1226年），他出生于被后人称为"黄金家族"的乞颜部孛儿只斤氏，元太祖成吉思汗与他分别为也速亥与诃额伦的长子和次子。他从少年时代起辅佐铁木真，为蒙古民族各部落的统一和蒙古帝国的建立立下了不朽的功勋。合撒儿以善射"神箭"著称，"勇力善射""矢无虚发、应弦而倒"，有"大曳弓，九百步，小曳弓，五百步"之说。成吉思汗曾说，有合撒儿之射，有别里古台之力，此朕之所以取天下也。后来，蒙古文献均称其为哈布图·合撒儿，即射箭好手合撒儿。

成吉思汗统一各蒙古部落称帝后，亲自组建了一支精锐的"怯薛"，即侍卫军，承担护卫他本人所有行动及大汗营帐安全的重任，"怯薛"执事"火儿赤"即为"箭筒士"或"弓箭手"。哈布图·合撒儿的儿子移相哥亦善射，曾担任兀勒都赤（指挥者），跟随成吉思汗征战辽、金、夏，屡立战功。"科尔沁"是"火儿赤""火儿趁""豁儿臣"等同名音译演化而来。

成吉思汗称帝后，把蒙古帝国的全部土地和属民作为"忽必"（份子）分给诸弟和功臣，当时，合撒儿家族被封为万户，分得今额尔古纳河、海拉尔河流域呼伦贝尔大草原、外兴安岭一带的广袤土地。合撒儿父子高超的射箭技能不仅在当时盛誉远播，而且在后世蒙古人民心中留

成吉思汗同胞兄弟合撒儿骑马持弓雕像

中蒙俄边境额尔古纳河流域——合撒儿科尔沁部落封地（摄影／姚予龙）

呼伦贝尔大草原——史上合撒儿部的封地（摄影／姚予龙）

下了深刻的印象。所以崇尚武功骑射的蒙古人，把合撒儿父子视为
心目中的英雄，每当弯弓御敌或在竞技场上比高低时，很自然地就
会想起合撒儿父子，久而久之，弓箭手"豁儿臣"——科尔沁就成了
合撒儿及其后裔部属的尊称。

哈布图·合撒儿子孙繁衍旺盛，载于史册者超过数百人。如十四世孙奎蒙克塔斯哈喇率科尔沁部移牧于嫩江流域；十五世孙纳穆赛——今科尔沁左翼中旗、左翼前旗、左翼后旗三旗祖；十九世孙女清孝庄太后——辅佐皇太极、顺治皇帝、康熙皇帝祖孙三代。

呼伦贝尔草原上的油菜花（摄影／姚予龙）

呼伦贝尔草原人工草场（摄影／姚予龙）

此外还有：清同治中兴名臣、抗击英法联军名将、镇压太平军及
捻军的统帅僧格林沁；十五世孙昆都伦岱青——阿鲁科尔沁旗祖；十
五世孙诺延泰——四子王旗旗祖；十六世孙僧格——茂明安旗祖；十
五世孙布尔海——乌拉特中旗、前旗、后旗三旗祖；二十二世孙罗卜
藏多尔济——阿拉善旗首位亲王；达延鄂齐尔汗——和硕特汗国第二
位汗王，他留居西藏，统领驻藏蒙古军队，驻牧达木草原（今那曲地
区桑雄、安多），打击西藏藏族贵族的分裂活动。

中俄边境额尔古纳河谷地中方一侧（摄影／姚予龙）

呼伦贝尔草原上的蒙古包和战茅"苏德勒"（摄影／姚予龙）

当我们再一次回眸额尔古纳河畔、黑山头古城和康堆古城，我们仿佛看到哈布图·合撒儿和他的子孙们又一次谈笑风生地走来，扬起的尘埃中飞舞的是孛儿只斤"黄金家族"神圣的战茅"苏勒德"。

（二）北方弓箭手部南迁

从13世纪初成吉思汗分封诸子诸弟时，合撒儿的后裔及统属部落形成科尔沁部，派生出科尔沁、郭尔罗斯、札赉特、杜尔伯特、阿鲁科尔沁、四子部、茂明安、乌拉特、和硕特、阿拉善等10部39旗，占据了清初在漠南、漠西所建旗置的三分之一。

16世纪20年代，科尔沁部因内部纷争和战乱所迫开始南迁，合撒儿第十四世孙奎蒙克率领属部，从原分封地额尔古纳河流域迁徙到嫩江流域游牧，明末后又逐步扩展，北起嫩江上游，南至混同江口，西起大兴安岭山阴，东至哈尔滨以东，从此这一带称之为科尔沁草原。为区别于同族，奎蒙克属部称为嫩科尔沁，依然留驻的原部落称为阿鲁科尔沁。

阿鲁科尔沁——北方弓箭手（摄影／杨伟东）

留牧于兴安岭以北、呼伦贝尔草原，额尔古纳河及鄂嫩河流域的阿鲁科尔沁，即"阿鲁（山阴）蒙古诸部"简称阿鲁蒙古部，分别为阿鲁科尔沁部、四子部、乌拉特部和茂明安部。据《金轮千辐》《水晶鉴》和《蒙古游牧记》等史书记载，科尔沁首领奎蒙克达斯哈喇之二弟巴衮诺颜留牧呼伦贝尔，其长子昆都伦岱青将管辖的部属称为阿鲁科尔沁部，次子诺颜岱将名下部属分给了自己的4个儿子而称为四子部。奎蒙克的三弟布尔海那颜所属部众称为乌喇特部。奎蒙克之父鄂尔多古海王后裔多尔济所属部众称为茂明安部。

明嘉靖二十五年（公元1546年），达延汗曾孙达赉逊库登汗，率数部东移至潢水（西拉木伦河）流域。阿鲁科尔沁部昆都伦岱青率部随迁至兀良哈三卫地，择兴安岭以南，西拉木伦河北岸而居，号为阿鲁科尔沁之地，服属"北元"察哈尔部。

后金天聪二年（公元1628年）10月，皇太极率大军以及已归附后金的敖汉、奈曼、喀尔喀、扎鲁特、喀喇沁等蒙古诸部出征林丹汗，林丹汗败退兴安岭。天聪四年（公元1630年），追随林丹汗于兴安岭之北的四子部与阿鲁科尔沁部，因林丹汗无道，举部再南迁，投奔后金。天聪六年（公元1632年）4月，皇太极再度率军出征，远赴兴安岭征讨林丹汗，林丹汗"大惧，谕部众弃本土西奔"。

天聪八年（公元1634年），皇太极划分牧地，将阿鲁科尔沁部安插在乌尔吉木伦河北岸，扎鲁特部与巴林部中间，并于崇德元年（公元1636年）正式建旗置。

清代以后阿鲁科尔沁部游牧地（摄影／杨伟东）

（三）林丹汗的最后辉煌

林丹汗（公元1592—1634年），全名为孛儿只斤·林丹巴图尔，是成吉思汗的22世孙"黄金家族"的嫡裔、察哈尔部的首领，北元史上最后一个宗主大汗。公元1604年，以布延（卜言）汗的长孙继汗位，尊号为"呼图克图汗"，年仅13岁。林丹汗因握有大元传国玺和千金嘛哈噶喇佛像，成为成吉思汗、忽必烈的正统继承人，名义上有权"约束诸部"，驾驭臣民，是北元的政治和宗教的最高代表。

建于阿巴噶哈喇山下的林丹汗瓦察尔图查干浩特遗址（摄影／姚予龙）

林丹汗模拟像

林丹汗即位后，在巴林部境内的阿巴噶哈喇山（现阿鲁科尔沁旗罕苏木苏木境内）修建了查干浩特，作为整个蒙古的政治、军事、经济、文化中心。林丹汗执政前期，漠北喀尔喀三汗以及漠南喀喇沁的昆都伦汗、阿鲁科尔沁的车根汗、科尔沁奥巴洪台吉、鄂尔多斯土巴济农等，定期前往查干浩特朝见林丹汗，并与大汗共同商讨政务大事，参加大汗举行的宴会、围猎等活动。

此时，蒙古汗权久已不振，孛儿只斤·林丹巴图尔真正能支配的只是位于辽河套的察哈尔部（分为浩齐特、奈曼、克什克腾、乌珠穆沁、苏尼特、敖汉、阿喇克卓特和主锡惕8个鄂托克），漠南的科尔沁、内喀尔喀、土默特、鄂尔多斯诸部各自为政，仅把林丹汗奉为名义上的共主。漠北的外喀尔喀更不承认蒙古大汗为共主，而漠西卫拉特仍然与蒙古帝国为敌。与此同时，东方的女真族正在努尔哈赤的领导下统一了各部，于公元1616年在赫图阿拉即汗位，史称后金，统一的后金逐渐走上强盛之路并成为林丹汗的劲敌。

公元1619年夏，努尔哈赤趁萨尔浒之战胜利之威攻打铁岭，应明朝请求，林丹汗派内喀尔喀五部弘吉剌特鄂托克齐赛诺延率领的蒙古军队驰援，被后金军队击败，并活捉了齐赛诺延、巴克、色本、桑噶尔寨等台吉，林丹汗实力大损。

后金长期以联姻、贸易等手段笼络科尔沁部诸诺颜，同时科尔沁部亦不甘受制于林丹汗，彼此关系开始恶化。天命六年（公元1621年）5月，科尔沁部总首领奥巴第一次遣使后金国。天命八年（公元1623年）正月，努尔哈赤致奥巴的信中表露了双方的关系已非同一般。天命九年（公元1624年），科尔沁首领奥巴与努尔哈赤使者在伊克唐噶哩坡（今科尔沁左中旗花吐古拉一带）汇聚，刑白马乌牛正式

林丹汗宫廷乐舞（摄影／杨伟东）

结攻守同盟。

天命十年（公元1625年）11月，林丹汗为了教训科尔沁部及抵御后金国的渗透与威胁，亲自率兵出征嫩科尔沁，随从的有内喀尔喀的宰赛和巴噶达尔汗诺颜。林丹汗的骑兵抵达嫩科尔沁首领奥巴驻地格勒珠尔根城（今黑龙江省杜尔伯特蒙古族自治县西南）并展开围攻，双方相持多日。在双方相持之际，林丹汗得知后金援兵至农安塔，唯恐腹背受敌，自"围解"而退。

公元1626年8月，后金国主努尔哈赤去世，其四子皇太极即位。皇太极登基后，加快了征服蒙古各部的步伐，三征林丹汗。同年，后金开始大胆举兵，攻打内喀尔喀五部，与林丹汗公开争夺其部族和领地。从天命十一年（公元1626年）4月开始，后金几次举兵进攻巴林部、乌齐叶特部、扎鲁特部，基本上控制了内喀尔喀五部。

皇太极以软硬兼施的手段，拉拢并征服了察哈尔部外围的内喀尔喀（巴林、扎鲁特、巴岳特、乌齐叶特、弘吉剌特）和科尔沁部，使素来强大的察哈尔部的力量被大大削弱。显然，在后金的渗透与进攻下，林丹汗失去对左翼蒙古各部的控制权，甚至失去了对察哈

林丹汗宫廷乐舞（摄影／杨伟东）

尔部的敖汉、奈曼的控制权。公元1630年11月，阿鲁科尔沁部首领达赉楚琥尔、四子部落台吉伊尔扎布墨尔根、阿鲁伊苏特部台吉齐桑达尔汉、噶尔玛伊勒登等各率部先后归顺了皇太极。

面对强敌，林丹汗避免与后金正面交锋，也"知卜石兔弱，移牧于西"。天聪二年（公元1630年），林丹汗离开驻地查干浩特，西征右翼蒙古诸部，积蓄力量继续抗金。

公元1631年11月，林丹汗为了用武力夺回阿鲁诸部，遂兴师到达阿鲁科尔沁达赉楚琥尔牧地，带走了塞棱阿巴海的部众。皇太极亲率2 000名精锐骑兵闻讯赶来，林丹汗早已越过兴安岭遁去。

公元1632年4月，天聪汗皇太极率军远征察哈尔部，女真军队与蒙古喀喇沁、土默特、扎鲁特、敖汉、奈曼、科尔沁及阿鲁科尔沁蒙古各部军队组成联军，从西拉木伦河向西北挺进。林丹汗闻皇太极亲率大军赶到，欲抗击，但诸部发兵少，观望不前，部众亦解体。林丹汗率余部自归化城（今内蒙古呼和浩特）渡黄河西奔，拟逃往图白忒部（今西藏），但臣民素苦其暴虐，抗违不往。在其狼狈逃遁途中，部众散离者十之七八。

查干浩特古城遗址（摄影／杨伟东）

　　公元1634年5月，林丹汗叔茂奇塔特归降后金，数月间，察哈尔部众归降者达数万人。皇太极再次遣书招降林丹汗，重申：我国与尔等，言语虽异，衣冠则同。其依异类之明人，何如来归于我？

　　同年8月，林丹汗走投无路，最终病死在青海大草滩（今甘肃天祝藏族自治县境内）。明未亡，林丹汗先毙，诸部皆折入大清。察哈尔部众分崩离析，纷纷投奔后金。公元1635年4月，林丹汗长子额哲与其生母苏泰率余众投降后金，蒙古帝国灭亡。

查干浩特古城额垣（摄影／姚予龙）

四

魅力无穷的草原与河流

（一）父亲的草原母亲的河

父亲曾经形容草原的清香，
让他在天涯海角也从不能相忘。
母亲总爱描摹那大河浩荡，
奔流在蒙古高原我遥远的家乡。
如今终于见到辽阔大地，
站在这芬芳的草原上我泪落如雨；
河水在传唱着祖先的祝福，
保佑漂泊的孩子找到回家的路。
啊！父亲的草原，
啊！母亲的河……

这是我国台湾省的蒙古族作家席慕蓉发自心底的呼唤，抒发着一个远离家乡的游子对蒙古高原的炽烈之爱。她爱那片土地如同热爱自己的父亲和母亲！

父亲的草原母亲的河（摄影/杨伟东）

科尔沁蒙古族部落长久游牧的科尔沁草原地势西高东低，南北高，中间低，具有典型的温带草原景观。本区域大部分为科尔沁低山丘陵温带草原，主要分布于大兴安岭南麓边缘的丘陵地带，其中，以北部的扎鲁特旗、阿鲁科尔沁旗、巴林左旗及巴林右旗四个旗所在地的草原最为丰美，这一区域北依大兴安岭，西连锡林郭勒草原，草原分布于浅山丘陵间，是保留较为完整的低山丘陵草原。同时，本区域兼有沙地草原，分布于西辽河中下游，大兴安岭和冀北山地之间的三角地带的科尔沁左翼中旗和科尔沁左翼后旗，处于科尔沁草原最东端。

　　辽阔无垠的科尔沁大草原犹如一座植物宝库，在这里，分布着上千种植物，从北到南大体上可分为森林植被、草甸草原植被、干旱草原植被、草甸植被、沙生植被、沼泽植被六种植物群落类型区。仅在通辽市，7 069万亩大草原就有野生植物数百种，其中可食牧草

阿鲁科尔沁游牧区的草原、河流、羊群（摄影／杨伟东）

700多种，可入药的有500多种。主要草本植物有麻黄、沙米、隐子草、芦苇、羊草、冰草、寸草苔、地榆、拂子茅、马蔺等；灌木有山杏、山榆、黄柳、红柳、沙棘等；乔木有榆树、柳树、杨树、松树、柏树等。

塞外的春天总是姗姗来迟，草原的五月，当万物复苏，树木吐绿，草原上依然是满目枯黄，牧草还未复绿。但是，这里的特色植被却给这片土地带来了盎然春意。一是山杏花，每到4月下旬至5月初，片片杏花绽放，真可谓"春来十里杏花红"；二是罕山杜鹃，罕山杜鹃是兴安杜鹃的一个种类，生长在阿鲁科尔沁旗罕山，此处山

阿鲁科尔沁草原绵延的高山与羊群（摄影／杨伟东）

阿鲁科尔沁旗罕山（摄影／杨伟东）

陡林密，生态原始，是獐、狍、野鹿、野猪的生存乐园，每年5月，山坡北侧漫山杜鹃竞相开放，白桦林间红团似锦，如火如荼，场面瑰丽壮美，为科尔沁草原增添了明艳的色彩。

位于科尔沁左翼后旗中部科尔沁沙地的阿古拉草原，是典型的沙地草原，具有大沙漠、大山、大草原、大水面"四大景观"。阿古拉草原旅游区资源得天独厚。协日勒万亩封山乔灌丛林春华秋实，瀚海滴翠；位于双合尔山下的白音查干淖尔湖，分"东湖"和"西湖"，四周草木丛生，万鸟云集，已成为北方独具特色的候鸟乐园；科尔沁大草原的大清沟地貌奇特，森林茂密，不仅在内蒙古享有盛誉，而且在国内外也颇有盛名。

珠日河草原是科尔沁草原景观中的一个草原文化景区，被誉为色彩斑斓的宝石之地。清新的空气、辽阔的草原，再加上民风淳朴、马背风情，这一切仿佛使人置身于仙境与梦幻之中。

阿鲁科尔沁旗北部雄峙的山岭（摄影／杨伟东）

　　科尔沁草原水系发达，西辽河与嫩江两大水系构成了区域内的主要河网。西辽河及其支流都发源于赤峰市域内的大兴安岭和冀北辽西山地，汇集于西辽河冲积平原，其流域呈扇状，较大支流有老哈河、西拉木伦河、教来河、新开河以及乌力吉木伦河。在西辽河及其主要支流的上游，河谷多呈"V"字形，发育着不同程度的冲沟和深谷，形成沟谷纵横、地表破碎的景观，河沿岸发育成广阔的河漫滩、冲积平原，草甸和沼泽植被茂盛。嫩江是松花江的北源，为内蒙古东部的最大河流，发源于大兴安岭支脉伊勒呼里山的南坡，南北贯穿于兴安盟东部。科尔沁草原域内的嫩江支流大部位于右岸，主要有罕达罕河、淖尔河、洮儿河、查干木伦河、霍林河等，地形开阔平坦，水流缓滞，如蜿蜒的玉带盘旋于科尔沁草原。主要湖泊由红山水库、察尔森水库、莫力庙水库共同构成。形成山峰、曲流、湖沼交相辉映，沙地、疏林、草甸相间分布的独特草原景观。

阿鲁科尔沁旗鸟类栖息湿地（摄影／杨伟东）

阿鲁科尔沁旗湿地（摄影／杨伟东）

（二）追逐水草食肉饮酪

1. 四季迁徙的游牧生活

　　蒙古族的原始游牧是以集体（部落）为基本组织单元，以逐水草而居、长年迁徙放牧为特征的人类社会活动和生产经营方式。它是以牧民的生产、生活为核心，同时由牲畜、草场、生产工具、生活用品，以及逐渐发展演化出的独特民族和地域文化、习俗、宗教等各种要素组合而成的独特人类活动形式。千百年的经验和教训告诉牧民们，如果长期固定在一处草场上放牧，因为牲畜反复啃食和践踏，土壤会逐渐裸露、风蚀沙化，地表植被会明显退化，草场将难以持续放牧。所以，只有游牧的方式才能调和自然环境与人类活动的矛盾，保护稀缺的水草资源，通过在不同草场间轮换放牧达到水草资源的可持续利用，并保持整个生态系统的多样性。历史地看待这个问题，蒙古族游牧方式是勤劳智慧的蒙古族人民在特定的自然环境背景下继承了古代游牧部落的传统经验和知识，并加以创造和发展逐渐形成的，是一种明显不同于农耕文化的人类智慧和文明，是蒙古族人口繁衍和生存发展的必然选择，它已经融入到蒙古族人民的血液之中。

在传统原始的游牧方式中，牧民根据一年四季气候变化规律，把草牧场分为春营地、夏营地、秋营地和冬营地，不同营地有不同的放牧方式。由于农耕文明的不断影响和草场资源日益稀缺，阿鲁科尔沁草原游牧系统游牧方式已经从原始的居无定所的纯游牧方式，演化成了"定居游牧"的方式，在温暖舒适、交通便利的大兴安岭南麓建立居民点长期定居，在秋末和整个冬春季节，以定居点为中心进行畜牧业生产，此时的牧业生产的特点是圈养为主、放牧为辅，

阿鲁科尔沁草原游牧区的马群

牧民套马（摄影／杨伟东）

在整个夏季和初秋则迁徙到夏季牧场进行纯放牧活动。

　　蒙古族牧民至今仍保留着部分传统的游牧生产生活方式。他们崇尚天意，敬畏自然，以"天人合一"为生存理念。他们视草原、河流为生身父母，尊敬而热爱。世代过着逐水草而居，以肉、奶、

赶马（摄影／杨伟东）

炒米为食的游牧生活，心境怡然，生活其乐融融。

蒙古族的游牧生活有着自身的规律和节奏——每年清明过后，母羊集中产羔。为了母羊和羔羊的安全，牧人们日夜守候在羊群旁，还用毡子做成毡袋，把刚刚出生的羔仔及时装进毡袋里保暖。种公羊与母羊要分群饲养，秋季时集中受孕，第二年春季集中产羔，这既保证母羊有充足的饲草，又有利于牧民合理安排劳动时间。

迁徙途中做饭休息

立夏前后，一年一度的大迁徙开始了。蒙古包车、粮油车、行李车、衣物生活用品车、水车、围毡车等组成了长长的勒勒车队。牧民们几家结伴同行，骑马坐车，牛羊成群，浩浩荡荡。转场途中，一般要设立两至三个停歇点。此时，牲畜就地放牧，牧民搭建临时营地，取泉水熬茶，以炒米、奶豆腐、风干牛肉为餐。每停一处，牧民们都要祭祀草原、河流、大山及灶王爷。每每经过敖包，要围着敖包绕行三圈，敬上奶食，跪拜祈福，表达对大自然恩赐的深深感激之情。

放牧羊群

历经长途跋涉，终于到达了夏营地，开始四五个月的夏营地放牧生活。为了防止踩踏损毁草地，牧民们每年都要在不同的地方搭建蒙古包。

夏季水草丰美，牲畜抓膘快，牛羊奶水足。牧家主妇们整日忙着挤牛奶，制作黄油、酸奶、奶豆腐、酸奶渣等奶食。

夏至过后，牧民们开始剪羊毛，用羊

罕山敖包（摄影／姚予龙）

毛制作毡子、鞍垫、蒙古包围毡、炕毡、毡鞋、毡靴，还要硝制牛皮，制作马笼头、马绊、马鞭子等各种生产用品。手巧的女人们缝制羊皮衣和长袍，然后用火烟熏制，以确保防雨、防雪、保暖和结实耐用。

　　盛夏的草原上，牧民们汇聚一处，举办祭敖包、那达慕等活动，高歌赞美上苍，用美食祭祀敖包，喇嘛诵经祈福。大家开怀畅饮，品尝美食。骑马、摔跤、射箭的"好汉三赛"把这些活动推向高潮。此时，也是年轻人谈婚论嫁的大好时光。青年男女们通过求婚、换手帕、奶金、办婚宴、看姑娘宴、姑娘回门、小回门等已俗成的程序，走入婚姻的殿堂。

赛马（摄影／杨伟东）

射箭（摄影／杨伟东）

摔跤（摄影／杨伟东）

夏日渐去，秋风送爽，山花隐退，草木金黄。牧民忙着打草、贮草，维修越冬棚舍。

中秋前后是牲畜出栏好时节。牧民赶着畜群迁徙到秋营地，期盼着早日回到冬营盘，安度冬春。

初冬时节，牧民们宰杀牛羊，准备过冬食物。农历十月二十五日，牧民用油米饼祭佛，腊月二十三祭祀火神，家家户户喜迎新春，期盼来年风调雨顺、五畜兴旺。

到了寒冷的冬日，牧民回到离家较近的冬季牧场放牧，他们穿皮袄、吃牛肉、战冰雪、抗严寒，迎接着大自然新的考验！

初秋打草（摄影／姚予龙）

冬季放马（摄影／杨伟东）

2. 肉奶为主的饮食生活

草原上的传统食物主要有红食（肉食）、白食（奶食）、黄食（炒米）、绿食（野菜）等几大类，这是由草原这种特殊自然环境所决定的，也体现了草原上人们适应自然，食肉饮酪，逐水草而居的生存方式。

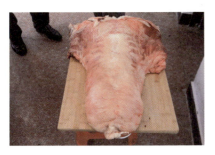
宰好的肥羊（摄影／姚予龙）

在蒙古包里煮手扒肉（摄影／姚予龙）

（1）红食。草原上蒙古族人民把肉食称为"乌兰伊德干"，汉语的意思是"红色食品"。肉食是养育蒙古族人民的主要食物。据《黑鞍事略》记载，蒙古族人民的肉食主要来自狩猎和家养牲畜。狩猎得来的动物包括野兔、鹿、野马、黄羊等。平时，他们食用的主要是家养的牲畜，以羊为主，牛次之。

羊肉的主要吃法有手扒肉、烤全羊、烤羊腿、烤羊排等，同时羊内脏也有各种花样的吃法。

手扒肉是蒙古族人民日常生活中的主要肉食。做法是将宰杀好的羊取出内脏，去头去蹄，洗净，切成若干块，投入锅内加水煮，煮至七八成熟取出，放盘内即可食用。大人小孩都用蒙古刀割着吃，不用筷子而用手取食，肉鲜嫩不腻且耐饥。后来做了一些改进，增加了各种作料调味，羊肉更为可口。

烤全羊选料精细，工艺考究。一般选择草原上的肥尾羯羊，用蒙古族杀羊法宰杀，去毛、去内脏后，将作料填装在羊胸、腹腔内，

蒙古包里的烤全羊（摄影／特古斯）

吊在专用烤炉中，烘烤4～5小时。出炉的烤全羊色泽红、皮酥脆、肉鲜嫩、味香浓，上席时将全羊以平卧状置于大木盘上，羊脖子上系一红绸带以示隆重。

（2）白食。蒙古族将奶制食品称为"查干伊德干"，在蒙古语里是纯洁吉祥的意思，汉语的意思则是"白色食品"。奶食是用马、牛、羊和骆驼的奶制作而成的，品种繁多，营养丰富、味道鲜美，是蒙古族饮食中的上品，曾被称为"百食之长"，无论居家餐饮、接待客人，还是敬奉神灵，都不可缺少。奶制食品种类多样。

①酸奶（蒙古语称之为塔日嘎），即酸牛奶、酸羊奶，蒙古族游牧民"食肉饮酪"中"饮酪"指饮用酸奶。酸奶分两种，其一是熟酵酸奶，把鲜牛奶或鲜羊奶放入锅中，加热但不必煮沸，待自然冷却后，把上面凝结成的一层奶皮取出，使奶发酵变酸即成酸奶；其二是生酵酸奶，夏季直接把鲜奶盛于容器中，保持温度在18℃以上自然发酵，撇去上面浮凝的一层白色脂肪"乌日沫"，下面就是白嫩嫩、软颤颤的酸奶了。酸奶子营养丰富，微酸带甜，清凉可口，夏

日饮用，清凉去暑，解渴止饿。

②白油（蒙古语叫"查干陶苏"）、黄油（蒙古语称"西日陶苏"），是将鲜奶搅拌后使其发酵，待脂肪分离，漂浮在上面呈白色糊状物就是白油；白油用纱布过滤去奶汁，然后倒入锅中加温火炼制，待色泽微黄，就成了黄油。

③奶皮子（蒙古语叫"哈塔森乌日莫"），制作奶皮子最好用秋天挤下来的牛奶，先把鲜牛奶倒入锅中微火慢熬，待其表面凝结一层脂肪，用筷子等挑起挂在通风处晾干，就成了奶皮子。

过滤奶汁（摄影／那顺吉日嘎拉）

④奶豆腐、奶酪（蒙古语叫"胡如达"），有两种做法：将取出白油后的酸奶经慢火熬煮，然后放入布袋压成酸奶豆腐；另一种是将鲜奶放入器皿中发酵，将上面的白油取出后，剩余酸奶再放入锅中煮沸，然后把酸奶表层水撇出，糊状物经过多次的搅拌，再倒入木模中，放在外面晾干，就成为奶豆腐。

⑤奶渣子（蒙古语叫"额吉格"），将制作奶豆腐所余下的奶水文火烧开后放凉，待其发酵、沉淀，把沉淀下的奶块装入布袋压榨，捏成各种形状，晾干后即成奶渣。

制作奶豆腐（摄影／魏占军）

⑥奶茶，蒙古语叫"苏台柴"。在牧区，奶茶是生活必备品，蒙古族人民不仅一天喝三顿奶茶，每逢来客，都要给客人煮奶茶喝。蒙古族奶茶的做法是：把砖

晾干后的奶豆腐（摄影／特古斯）

茶捣碎放入锅里或壶里，倒水后在炉火上烧开。水烧开后约十分钟，看茶水颜色成古铜色，捞出茶渣，锅或壶里加牛奶并放入少量盐，再烧开即可饮用。喝奶茶时可以搭配炒米、黄油、奶豆腐、干酪、奶皮子等，有时还会泡点煮好的牛羊肉片食用。

（3）黄食。特指黄色的炒米，蒙古语称"蒙古勒巴达"意为"蒙古米"，它是糜子经煮、炒、舂等工序加工而成的。先把糜子倒入锅内，加水少许煮熟，之后倒出，在干锅里放入少许干净细沙并烧热，将煮熟的糜子适量放入锅里与细沙翻炒，炒熟后筛除细沙，在碾子上碾去糜子外皮并簸净，剩下干净的乳黄米粒就是炒米了。炒米既便于携带又易于保存，是牧民生活中不可缺少的食品。清晨，牧民放牧前，用滚烫的奶茶泡上一碗炒米，喝完顿觉精神倍增。放牧时，牧羊人也带上炒米，炒米里加上一把炒熟的黑豆或黄豆，就是极好的干粮。炒米即使干嚼，也是越嚼越香，也很有营养。蒙古族人吃炒米，讲究和奶茶等多种食物搭配。放在碗里的炒米，倒上喷香的奶茶，先喝干碗里的茶，待奶茶喝够，炒米也被泡软时，再放上黄油、奶皮、奶酪、红糖拌着吃，甜酸适中，香咸可口，味道尤佳。牧民们爱说这样一句话："要暖穿上皮子，要饱吃上糜子。"

高格斯台罕乌拉山上的黄花（摄影／姚子龙）

（4）绿食。蒙古高原不仅地下矿产丰富，地上的物产也肥美富庶，可食的植物非常多。在内蒙古的草原和森林中，生长着许多可食用的山野菜，有蕨菜、黄花、金针、白蘑、苦菜、山韭菜、山斧菜、蒲公英等。这些山野菜天然无污染，味道鲜美，食用后能保证营养均衡，健体防病。

（三）毡房点点白云悠悠

科尔沁草原的蒙古族人民为适应逐水草而牧的生产特点，创造了便于搬动、结构简易、承受力强的房屋——蒙古勒格日或布日格，也就是蒙古包或者毡房，它是游牧民族居住的一种便于迁徙的简易住所，蒙古族先民赋予它艺术生命力，使之成为人与自然和谐共处的杰作，千百年来一直经历着大自然风沙雨雪的洗礼。

1. 蒙古包的材料与构建

搭建传统的蒙古包主要用三种材料，分别为木材、毛皮、带索等，具体包括木杆、羊皮、牛皮、驼皮、毛毡、马鬃、牛羊毛绳子等。木杆组合搭建成蒙古包的基本框架，毡毯覆盖蒙古包的木制框架，带索连接围系每一个木制构件和每块围毡，起到固定蒙古包的作用。

蒙古包结构是由陶纳（天窗，也称套脑）、乌尼（椽子）、哈那（围墙支架）、门框等组成，整体看是圆柱形屋身和圆锥形屋顶。

阿鲁科尔沁草原上的蒙古包（摄影／姚予龙）

蒙古包结构（摄影／姚予龙）

蒙古包的陶纳和乌尼（摄影／特古斯）

蒙古包围架"哈那"（摄影／宝力道）

蒙古包木门（摄影／宝力道）

陶纳是蒙古包的最上层结构，它具有透气、通风和排烟的功能。蒙古包天窗的独特设计，使其具有了计时功能，这是蒙古包的一大特点。蒙古包的天窗制成日月形，反映了蒙古族对日月的崇拜；蒙古包圆形结构与蒙古人民崇拜天地有着密切联系。蒙古包天窗有两种形式，一种叫插接式天窗，另一种叫串接式天窗。前一种天窗不能拆卸，比较耐用；后一种天窗则是组合而成，搬运方便。插接式天窗是把乌尼直接插入陶纳外圈上的插孔；而串接式天窗是把上端带有穿线孔的乌尼串连在陶纳外圈带有穿线孔的接口上，然后把毛线穿过陶纳和乌尼的穿孔，固定两者。

连接在陶纳和屋身之间构成蒙古包屋顶支撑的木杆叫乌尼杆，乌尼杆围绕天窗成放射状，上面覆盖毛毡等物并用绳索固定形成蒙古包顶。

哈那是蒙古包的"围墙框架"，承载套瑙、乌尼，决定毡包大小，通常分为4个、6个、8个、10个和12个哈那，数量多少由套瑙大小决定。哈那是由长条柳棍交叉排列并用皮钉固定的，看上去像有平行四边形网眼的木质栅栏，其伸缩自如，可以根据建蒙古包需要调整宽窄高低，且坚固耐久，可以稳固支撑蒙古包。

哈那立起来以后，把网眼大小调节好，

确定哈那高度，哈那的高度就是门框的高度。蒙古包的门不能太高，人得弯腰进入，毡门吊在外面。蒙古包的门一般都朝东或东南，朝向太阳升起的方向，如阿鲁科尔沁旗牧民家的蒙古包门朝东南。

2. 蒙古包的室内外布局

在蒙古包的室内布局中，功能设计是主要部分。蒙古包虽内部空间有限，但有明确的功能分区，如炉灶区、祭神区、主人区、男人区、女人区，居住者各有其生活区域，并形成一定的俗成定制并长期遵循。蒙古包内的家具也因其功能不同而有固定的位置，不可随意摆放或移动，整个蒙古包空间中，功能分区严整有序。

蒙古包正中央是被称为高勒木图的火灶，在一个方块平台上摆放着一个叫土拉嘎的火撑子，这里被认为是火神的位置，特别受人尊崇。在高勒木图北边是上首，靠着哈那供奉着成吉思汗像。上首正面座位最为尊贵，是男主人或主客的座位。以门、火灶和主座为主线，西边是男人们的席位，东边是女人们的席位。靠西哈那处放男人床铺，靠东哈那处放女人床铺。门口放马具弓箭炊具等，一切都保留了古老的风俗习惯。

蒙古包的室外是室内功能区的延伸，左侧和左前方一般都有栓马桩和装有木制盛水罐的车辆，更远处是垃圾堆放处。右前方为羊圈、牛棚、守夜人棚车等，右边远处是用柳条编制的牛羊粪圈（柴火堆）、厕所等。北边用于搬迁、储藏、运输等的各种车辆一字排列。蒙古包室内与室外布局总的特点是以功能分区为主，兼顾了民族习惯，有严

蒙古包上首供奉成吉思汗像（摄影／魏占军）

蒙古包前面必须竖立的"苏德勒"

格的俗成定制。

　　在蒙古包里，有一种与大自然融为一体的感觉。从蒙古包门口往外眺望，旷野、山峦、河流、蓝天白云一览无遗；坐在蒙古包内能够倾听虫鸟的鸣声，仿佛已融入无边的大自然中。

3. 蒙古包里的陈设

　　蒙古包室内地面正对天窗设火塘或炉灶，炉前设有灰坑，为炊饮和取暖用；炉灶的周围铺牛皮、毛毡或地毯，以防潮湿。烟筒从天窗伸出，以利排烟。一般直径较小的蒙古包内部无支撑，大型的蒙古包则需树立支撑柱。

　　包内陈设因经济条件不同而有较大差异。蒙古包内家庭成员的位置如同北方的四合院的布局，家庭成员的住处是固定的，正面和西侧为长辈的起居处，东面为晚辈的起居处，主人位置的蒙古包壁上有毡制偶像。

　　蒙古族家具都具有浓厚的生活气息和民族特点，主要陈设为木制家具和一些皮制家具。木制衣柜、碗柜等小巧玲珑，很适合蒙古包的特殊空间。

4. 蒙古包的饰物

蒙古包的饰物，包括外装饰物和内装饰物。蒙古包的外装饰包括屋顶装饰，门、门帘的装饰，以及对门毡边缘和围毡的装饰。蒙古包的内部装饰可分为地面装饰、内壁装饰及顶面装饰三部分。蒙古包的围壁、穹顶外、陶纳上部的盖毡、围毡和门帘多以毛绒编织及缀饰云纹图案、回纹图案、如意吉祥图案装饰。门帘多为绣着多种颜色、各式传统图案的毛毡，还可以把着色的毛毡缝在其他毛毡上，缝制成藤、树、鸟、兽等图案。

5. 蒙古包的颜色

蒙古族人民非常喜欢青色（蓝色），认为青色是天空的颜色，它象征永恒、坚贞和忠诚。正因为喜欢青色，所以豪华的蒙古包常用蓝色线条或图案装饰外围和顶面。

蒙古族自古尚白、贵白，蒙古语中白色为"查干"，蒙古族同胞认为白色象征着纯洁和真诚、光明和希望、富有和高贵。蒙古族以

蒙古包（摄影／特古斯）

自己最崇尚的白色作为蒙古包的基本颜色，用雪白的绵羊毛制作毡子，用白毡把蒙古包全部围裹起来，茫茫草原上，蒙古包与白色的羊群、天上的白云融为一体。

红色也是蒙古族普遍崇尚的颜色。在蒙古包中，门的颜色以红为主，室内乌尼杆也多漆成红、蓝二色，家具多饰红色。

蒙古包的形状、结构、布局、颜色以及蒙古包的迁居风俗，不仅完全适合草原上的自然环境和游牧经济的社会生活，同时充分体现了蒙古民族的文化风俗和思想智慧。蒙古包是草原文化的结晶，是了解蒙古民族风情的一部小"百科全书"。

（四）牧歌悠扬美酒飘香

蒙古族不论男女老少都爱唱歌，他们尊崇唱歌和善于唱歌的人，蒙古族的民歌主要分为礼仪歌和牧歌两大类。礼仪歌用于迎宾、婚宴等喜庆场合，以歌唱爱情、歌唱英雄、歌唱夺标的赛马骑手为主要内容；而牧歌多在放牧和搬迁时唱，内容以赞美家乡，状物抒情居多。从音乐特点来讲，民歌大致分为"长调"和"短调"两

身着盛装载歌载舞（摄影／特古斯）

大类。

　　蒙古族长调民歌是蒙古族音乐文化中最典型最有代表性的精华样式，承载着蒙古族的历史，反映着蒙古族文化的精髓，是对蒙古族人民的生产、生活和精神性格的标志性展示。长调民歌篇幅较长，节奏自由，气息宽广，情绪舒缓，字少腔长，且因地区不同而风格各异。经典的歌曲有：锡林郭勒草原的《小黄马》《走马》；呼伦贝尔草原的《辽阔草原》《盗马姑娘》；阿拉善地区的《富饶辽阔的阿拉善》《辞行》；科尔沁草原的《思乡曲》《威风矫健的小红马》等。

　　科尔沁的蒙古族人民崇尚歌舞，长期的积累提炼，渐渐造就了科尔沁地区蒙古长调民歌节奏舒缓、旋律优美、行腔自由、音域宽长、高亢辽远之特点。千百年来，这一艺术形式代代相传、口传心授，形成了完备的体系和成熟的表现手法。

　　在科尔沁地区民间，沿袭古老的习俗，在聚会宴请和举行各项仪式时，通常情况下，首先要唱长调歌曲。开场的长调要求悠扬、舒展、辽阔，有力度、有层次、有秩序。该地区还有一个特点，就是蒙古族人民唱短调民歌时，常使用长调的演唱技巧。如唱短调歌曲《鸿古尔》时，会以辽阔、优美、缓慢的长调风格演唱。这与该地区人烟稀少、五畜兴旺，形成了安逸悠闲的生活习俗和自由自在的生活习惯有着密切联系。科尔沁地区在婚宴开始时唱的四首长调是《圣主成吉思汗》《金色圣山》《照耀》《圣权》等。歌颂成吉思汗戎马一生、披荆斩棘，创下伟大霸业的长调《圣主成吉思汗》以独特的音调开

深情高歌蒙古长调（摄影／苏德格吉日呼）

始，逐渐展现出优美曲折、宛转自如的风格技巧。以男声独唱为主，时而女声伴唱，有时几位歌手合唱，以马头琴为主要伴奏乐器，呼麦伴随其中，表现出深沉浑厚、宽广高亢、嘹亮悠远的独特风格。

蒙古族短调民歌与长调民歌明显不同的是，短调民歌篇幅较短小，曲调紧凑，节奏整齐、鲜明，歌词简单但不呆板，在音韵上广泛运用叠字。短调民歌往往是即兴演唱，灵活性很强。经典歌曲有《锡巴喇嘛》《成吉思汗的两匹青马》《美酒醇如香蜜》等。

另外还有种叫"潮尔"的音乐表现形式。潮尔，是蒙古族独有的一种弓弦乐器，自元代时期起就在科尔沁草原广为流传，并成为宫廷音乐的主要演奏乐器之一。无论是在庆典、婚宴上，还是在盛大的那达慕、民歌演唱、乌力格尔表演、英雄史诗的说唱中，都不可或缺地有潮尔的伴奏。它那浑厚而柔和又略带低沉的音色，回荡在苍茫的草原上，感人肺腑。其形制和形态较之马头琴更为古老，因而被视作马头琴类乐器的鼻祖。

酒文化也是草原文化的重要组成部分。每年夏秋之际，牧民家

草原对歌（摄影／特古斯）

千人安代舞（摄影／李国有）

齐声欢唱（摄影／特古斯）

家户户都用酸马奶制作马奶酒。马奶酒不经蒸馏，因此其酒精度数较蒸馏酒低，饮之使人兴奋而不易醉。其味甘美，醇香浓烈，营养丰富，不仅是一种可口的饮料，而且对人体有一定的滋补功效，同时又能够驱寒保暖，是蒙古族人民最喜爱的饮品，也是招待宾客的上品。其主要制作流程为：①制作酸马奶。将牛奶制成马奶酒曲，再将生马奶倒入装有酒曲的皮袋里或瓶里，并将其挂在温暖向阳的地方。②酸马奶加工为马奶酒。每天用一根特制的木棍对酸马奶进行不定期的搅拌，如此持续7～8天，当酸马奶经沉淀变得无色透明、味道酸辣时，即成为马奶酒。马奶酒的酒精含量一般在20°左右。蒙古族人民把马奶酒看成饮品中的精华，主要用于祭祀和待客，还当作礼品相互赠送。

蒙古族好饮酒，从古至今男女喜欢饮奶酒，且有大碗喝酒的豪迈风度。饮酒有未饮先酹（祭祀）的礼数："凡饮酒，先酹之，以祭天地。"据13世纪中的《鲁布鲁克东行记》记载，在那时蒙古人就"用米、粟、麦和蜜酿造上等的饮料，它清澈如果酒"。到了元代，上都和草原各州县都有利用谷物酿酒的作坊，并且奶酒的产量低于谷物酒，因此以谷物为原料制作的酒渐渐代替奶酒，成为蒙古族人主要饮用的酒类。

快乐的牧民骑马奔驰（摄影／王伟东）

（五）敖包祈福风调雨顺

1. 寄托着蒙古族牧民期望的敖包

敖包是蒙古语，意为堆子或鼓包，祭敖包是蒙古族最为盛大的祭祀活动之一。敖包通常设在山顶或高丘之上，用石头堆成一座圆锥形的实心塔，顶端插着一根长杆，杆头上系着牲畜毛角和经文布条，四面放着烧柏香（高山柏）的垫石；在敖包旁还插满树枝，祭品为整羊、马奶酒、黄油和奶酪等。在古代，祭祀时，由萨满击鼓念咒，众人膜拜祈祷；在近代，由喇嘛焚香点火、颂词念经，牧民们围着敖包顺时针绕三圈，膜拜祈求神灵的护佑与赐福。蒙古族牧民虽皈依了藏传佛教，但在一定程度上仍沿袭着祖先的宗教信仰，认为高大雄伟的山峰是很多神灵居住的地方，有着通往天堂的道路，因而以祭敖包的形式来表达对高山的崇拜、对神灵的祈祷。

（1）**敖包的建造。**敖包是蒙古族重要的祭祀载体和场所，外形呈土堆和石堆形式，或土石混筑，它最初建造于家族领地。建敖包首先由萨满发起，萨满向居民说，保护神需要自己的住所，于是就指定景色秀丽的高山、丘陵或路口作为建敖包的基地，经过若干个仪式后，在划定的小圆形地块上，人们动手用土或石建成小堆，这样新的敖包便出现了。敖包多是单个的，但也有两个并立的，或有7个和13个在一起的敖包群。敖包一般都建于高处显眼的地方，有时也会建在路口，因为人们认为路口的敖包有挡鬼避邪的功效。

装饰敖包（摄影／白音查干）

装饰敖包（摄影／白音查干）

（2）**祭祀程序。**祭敖包的传统方式，主要分为血祭、酒祭、火祭、玉祭四类。所谓血祭，就是宰杀牛、羊，向敖包献牲祭祀；所谓酒祭，就是扬洒马奶酒、鲜乳之类，向敖包献祭；所谓火祭，就是在敖包前点燃爬地松（长松）及柴火，将肉食、奶食象征性地投入其中焚烧，烧出浓烈的食物气味；所谓玉祭，就是将价值昂贵的珠宝、钱币之类撒到敖包顶上，祈求福佑。

敖包祭祀由萨满主祭，元代由蒙古巫觋领其事。《蒙古秘史》

摆放祭品（摄影／白音查干）

诵经祈福（摄影／白音查干）

主持祭祀（摄影／白音查干）

载，成吉思汗命兀孙老人及豁儿赤等"衣白衣，骑白马"主祭祀，坐上首，封为"别乞官"。藏传佛教传到蒙古草原后，在祭敖包时，萨满'咒祭'被喇嘛'经祭'代替；民间祈祷文多有改动，古祭文有所变化；祭品也被果物、牛奶、酒、奶酪所取代。如今无论在草原牧区还是在农区，在敖包祭祀中，都将敬神与娱人结合在一起。

敖包祭祀一般在农历五至六月间举行，有的地方在七至八月举行。农历五月对于农牧民而言是一个时令上的分界线，此时牲畜开始繁殖，青草已经萌生，大地一片绿色，整个草原经过漫长严冬，又恢复了盎然的生机。因此，要举办盛大的节目庆祝活动，通过祭祀仪式表示对神灵的感谢。祭祀敖包活动规模大小不一，有一个苏木单独举办的，也有几个苏木联合举办或全旗统一祭祀的。祭祀场面隆重、热烈，这时草原上风和日丽、水草渐丰、鲜花盛开、牛羊肥壮，羊羔开始断奶，马驹渐渐长大。为了向苍天祈求丰收，表达感恩之情，欢度喜庆节日，人们穿戴艳丽的服饰，带着食品共聚于敖包，参加祭祀仪式和娱乐活动。敖包祭祀活动都在天气晴好的上午举行。人们首先将敖包清理整修一新，顶上插满新鲜的树枝，换上鲜艳的五色彩旗。再将马奶酒、奶茶、煮熟的羊肉、点心等敬献在敖包之前。然后由部族中德高望重的长者或喇嘛作司仪，带领大家念诵祭祀文，共同感谢天地山川为草原带来的丰收和吉祥，怀念祖先的功德，更多的则是表达对美好生活的祝福和希冀。最后，众人按顺时针方向绕敖包三圈，祭祀宣告完成。

（3）高格斯台罕乌拉祭祀。大兴安岭连绵千里，其中横跨阿鲁科尔沁旗北部一段，被称作罕乌拉山地区。这里山峦起伏、泉水众多，是阿鲁科尔沁旗北部三条河流——海哈尔河、苏吉格勒河和达拉尔河的发源地。罕乌拉山的南坡冲积平原，是全旗畜牧业与农业生产最发达的地区。而山北的山地草原，又是牧民们夏季转场放牧的优良牧场，为畜牧业生产提供了得天独厚的自然条件。人们把这里的山水视为大自然赋予的恩惠，每年都举行十多次祭祀敖包活动，以表达崇敬和答谢之意。其中，祭祀高格斯台罕乌拉敖包的活动规模最大、最为隆重和壮观，是每年全旗最重要的民俗活动之一，吸引成千上万的牧民前来参加。

绕行敖包（摄影／白音查干）

　　从1735年时任阿鲁科尔沁旗首领札萨克的达格丹亲自参加祭祀后，高格斯台罕乌拉祭祀仪式升级为旗级敖包祭祀活动。这种大型祭祀直到1945年才被中断。但是，牧民们自发组织的小型祭祀活动一直延续了下来。1984年，高格斯台罕乌拉祭祀正式恢复，规模又恢复为旗级敖包祭祀活动，时间定在每年的农历五月十五日。

2. 盛大的聚会草原那达慕

　　每年七八月份在草原举行的"那达慕"大会，是一项盛大隆重的蒙古族牧民的节日活动，牧民们相聚在一起，庆祝丰收，游戏娱乐。其中最为重要的娱乐是惊险刺激的赛马、摔跤、射箭等体育活动，在这样的场合最能体现科尔沁草原小伙子健壮与彪悍的威武形象。

　　赛马是蒙古族在游牧生活中形成的传统体育项目之一，那达慕大会举行时，方圆百里以至几百里的牧民驱车乘马赶来聚会，参加赛马活动。赛马场上，彩旗飘飘、鼓角长鸣、热闹非凡。自古以来，

草原盛大节日那达慕（摄影／特古斯）

蒙古族人民对马就有特殊的感情，从小就在马背上长大，都以自己有一匹善跑的快马感到自豪。精骑善射是蒙古族牧民的绝技，蒙古族人通常把是否善于驯马、赛马、射箭、摔跤作为鉴别一个牧民是否优秀的标准。赛马包括快马赛、走马赛、颠马赛等，此项运动是蒙古族的传统文化，它不仅是蒙古族民族文化艺术及民俗的体现，也是蒙古族人民的情感、信仰、意志品质的体现。

载歌载舞那达慕（摄影／特古斯）

蒙古语称摔跤为"搏克"，摔跤手身着母亲或妻子亲手缝制的图案精美的皮坎肩状摔跤服"昭德格"，足蹬马靴，腰缠一宽皮带或绸腰带，著名的摔跤手的脖子上缀有各色彩条——"章嘎"，这是摔跤手在比赛时获奖的标志。那些粗壮强悍的汉子严守着草原上的准则：尊重、忍耐、强悍和对生命的热爱。开始摔跤前，需先为摔跤手唱三遍蒙古长调《摔跤手之歌》，摔跤手挥舞双臂、跳着鹰舞入场，向主席台行礼，两名选手郑重地互相

草原马技（摄影／杜忠）

草原赛马（摄影／杨伟东）

鞠躬并握手。比赛开始后，摔跤手膝盖以上任何部位先着地者为负。获胜者会在扶起对手后，跳鹰舞以展现自豪和威武。

射箭技艺分为身法、手法、指法、眼法四部分。身法要求精神专注、头部端正，脚成八字站立，步阔而腰蹲，脚跟必须踏稳。开弓时顺势推前拳，弓与前脚同时推出，胯部稳扎下沉，肋部向后送，挺直胸部，全身各部位和谐一致，并且气度自然，猛吸气后开弓，屏气后放箭；手法要求双臂放松不僵硬，如同持笔之手一样灵活自如，根据目标的远近确定弓身的倾斜度；开弓后弓弦要贴近胸前，左手握弓向外斜放，右手控弦向内收，体会并达到右手放箭时左手毫无感觉的状态；指法要求手指抠箭有力，运箭熟练，拇指上抬之

摔跤（摄影／特古斯）

跳着鹰舞的搏克手（摄影／杨伟东）

摔跤图（摄影／白音查干）

力和食指下压之力将箭体牢牢抠于弦中，中指贴住拇指，其余三指紧收，弦靠胸，箭贴脸，握弓平稳；眼法要求射手在心正体直后才能放箭，做到心神专一、精神饱满，目光要全部集中在目标上，把握风向，距离，目标的运动轨迹、频率等各个要素，在目标出现的瞬间毫不迟疑地放箭，命中目标。

在发挥自身力量和弓箭性能方面，蒙古族人讲究弓、箭、手三者的相配。其一讲究弓的张力和自我臂力的最佳组合，射手需慎重权衡，不可为展现蛮力而盲目选择大拉力的硬弓，应根据在自己开弓的最大力量基础上下调20%～30%的标准来选择合适的弓，以发挥出最佳的效能。其二讲究弓与箭相配，强弓配劲矢，硬弓配硬箭，本末倒置不但不能命中目标还会损坏弓身箭体，这也是与物理学的基本规律相一致的。正是因为蒙古族人视弓箭为身体的一部分，将弓、箭、手三者合一对待，因此无论立射、跑射、跪射还是骑射均能随心所欲、出神入化。

比赛分为立射和骑射两种形式。弓箭的样式、长度、拉力和重量在比赛中没有统一的规格，但部分地区比赛时会要求轮流使用每个人的弓箭。男女老幼不分级别，均可自由参加。立射比赛距离一般为四五十米，五人一组，于固定地点轮流立射，以中靶多少确定名次。大型骑射比赛参加者多达百余人，中型的20～30人，小型的

弓箭手（摄影／杨伟东）

搏克手和弓箭手们（摄影／特古斯）

也有 10 人左右。比赛的跑道多是 4 米宽、0.66 米深、85 米长的一条沟，共设三个靶位，靶位与靶位之间相距 25 米。第一、第二靶位在射手的左侧，第三靶位在射手的右侧。比赛规则规定"一马三箭"，即每人每轮射三枝箭，三轮共射九枝箭。凡参加比赛的人都要自备马匹弓箭，弓箭的式样、弓的拉力、箭的重量和长度等不限。比赛时，选手背上弓，把三枝箭插在背后的箭袋里，骑马到骑马起点线上；裁判员发令后，开始起跑，同时取弓抽箭，搭箭发射。每轮跑完全程没射完三箭者，被认为最不光彩。

（六）姑娘如花小伙如山

以草原为根的科尔沁蒙古族人具有独特的审美生态，这在服装、饰物、礼品、信物、节庆、婚嫁等各方面无不有充分的体现。游牧民族热爱美好的生活，草原上的姑娘美丽如花朵，草原上的小伙壮实如大山。

1. 科尔沁蒙古族的服饰

根据男女性别、年龄、季节和场合的不同，科尔沁蒙古族服饰的款式和色彩也有或多或少的区别，但是总体上依旧沿袭着蒙古袍的基本形制和佩戴帽子、饰物的着装习惯。科尔沁蒙古族服饰的基本组件为：冠帽、袍服、坎肩、靴子和各种配饰。

（1）**冠帽**。12 至 15 世纪，蒙古族贵族妇女头上佩戴"姑顾冠"（又名姑姑冠、苦苦冠、固姑冠）。其外形为圆柱形或瓶形，由下至上越来越宽，顶端为四角形，有一根金、银、木或羽毛等材料制成的竖条，内部是空的，冠高有一尺①多，也有高达二三尺的。姑顾冠是用两块桦树皮接缝起来的，接缝处以彩线缝扎，卷成圆筒，筒外用色彩艳丽、花纹精美的丝绸包裹，其上装饰各种珍珠、宝石和翡翠等珍贵物品。姑顾冠是古代蒙古族女性身份地位的象征，根据不同的身份地位制作的姑顾冠的长度不同。地位越高、越富裕，姑顾冠颜色越绚丽多彩、长度越长。

科尔沁蒙古族传统冠帽主要有皮毛帽、毡帽、绸缎头巾、彩色飘带棉耳套、彩色飘带皮耳套等，人们会根据不同的季节和场合佩戴不同材质和款式的冠帽。

科尔沁男子冬季戴有护耳的折边毛皮帽、四耳狐皮帽、陶尔其克帽、风雪帽等；夏季戴礼帽、头巾。科尔沁未婚女子戴貂皮或水獭皮圆顶立檐帽和镶有库锦沿边儿的陶尔其克帽。已婚妇女平常只盘双股发髻，佩戴彩色头巾。耳套是科尔沁已婚妇女特有的装饰品，具有护耳和装饰的作用。冬季戴的主要为貂皮、狐皮等兽皮面料和

阿鲁科尔沁女子冠帽（摄影／李国有）

---

① 尺为非法定计量单位，1尺≈0.33米。——编者注

绸缎面料制成的耳套，耳套上绣或贴各种花鸟图案，在侧后方对称地缝三至五条彩色飘带作为饰品。

（2）**蒙古袍**。科尔沁蒙古袍包括单袍、夹袍、棉袍等，袍服下面穿夹套裤和皮套裤。蒙古袍裁剪合身，下摆窄且开衩，注重刺绣装饰。科尔沁男子服饰根据年龄和季节的不同，分成马蹄袖和无马蹄袖两种款式。服饰颜色较为鲜亮。中老年男子穿蓝色或棕色长袍，系紫色或灰色腰带。

科尔沁少女和已婚妇女的服饰有明显区别。少女梳独辫，身穿不开衩长袍，系腰带，外加黑色绣花坎肩，在袍服偏开襟纽扣处带针线包和香料袋。已婚妇女日常服有开衩和不开衩两种，平常穿开衩无马蹄袖长袍，不系腰带。冬季穿不开衩的吊面皮袍、棉袍和棉裤，春秋季节穿不开衩的棉袍夹袍、有开衩的大襟长坎肩和夹裤。已婚妇女节庆礼仪服饰比较讲究，穿蟒缎长袍和绣花缎偏开襟长坎肩。已婚妇女穿的款式为七分袖的花缎长袍，袖子短，需要搭配吊面黑皮套袖或貂皮套袖。科尔沁蒙古袍以用料讲究、款式多变、色

阿鲁科尔沁女子全装（摄影／刘和富）　　阿鲁科尔沁女子全装（摄影／刘和富）　　阿鲁科尔沁男子全装（摄影／刘和富）

阿鲁科尔沁男子全装（摄影／ 女子蒙古袍（摄影／刘和富） 女子蒙古袍（摄影／刘和富）
刘和富）

阿鲁科尔沁已婚蒙古族妇女服饰

女子蒙古袍全装（摄影／刘和富） 科尔沁妇女黑绒面绣花靴

彩和谐、工艺复杂而闻名，精工细制的服饰，除去穿着的实用功能外，还是精美的艺术品。

（3）**蒙古靴**。科尔沁蒙古靴根据材料分为皮靴和布靴两种，根据装饰形式分为绣花靴、抠花布靴和盘纹靴等。尖头靴是科尔沁蒙古族服饰特征之一，其款式分为小底尖头靴、齐底尖头靴和大底尖头靴三种。这种尖头靴子在草原上步行时有护腿和不易磨损等特点。科尔沁蒙古族靴子的经典款式是绣花皮靴。科尔沁妇女用绒线、马鬃或牛筋儿线等特殊材料在皮靴上绣花，这种用特殊的"绣线"在硬底料上绣出来的花纹，生动跳跃、质感极强。

（4）**头饰**。科尔沁蒙古族头饰主要有簪钗、额带、鬓垂等。簪钗是绾住头发的一种头饰，银制，柳叶形为多。分为横钗、顺钗和托钗，镶嵌红珊瑚和绿松石。额带分为无穗和有穗两种，额带须戴在前头，使其穗子垂于额顶。鬓垂是由珊瑚、绿松石串成的穗子组成，一支鬓垂一般有3条或6条珊瑚绿松石穗子，也有5条穗子的。鬓垂是插在发髻左右两侧垂于两鬓又能加固发髻的装饰。已婚妇女装饰为发辫式头饰、发髻式头饰，未婚女子装饰为独辫封发、珊瑚额带。

（5）**配饰**。配饰是科尔沁草原蒙古族服饰的重要组成部分，饰

妇女头饰

妇女头饰

品的不同能够真正体现服饰独有的
特色。科尔沁蒙古族传统配饰种类较
多，材料因穿戴者经济条件不同而不
同，多用珊瑚、玛瑙、绿松石、宝石
和金银等制作。人们常佩戴的饰品
有腰带和扣袢儿、耳环、项链、手
镯等。

　　腰带是蒙古族服饰的重要组成部
分。一般以绸缎、棉布为主要制作原
料，无论男女都非常喜欢用色彩艳丽

蒙古族头饰

科尔沁年轻女子的头饰（摄影／赵志强）

烟荷包手艺

制作烟荷包

烟荷包

的丝料或布料做腰带垂穗，男子在腰带上配各种腰饰，主要有火镰、蒙古刀、鼻烟壶和荷包等。

扣袢儿是蒙古族袍服、坎肩必不可少的部件，又是袍服、坎肩的装饰品，所以是实用和美观的统一体。远古时期，蒙古族人民的服饰无扣袢儿装饰，只用系带来固定上衣的大襟。后来有了用皮条、骨节、木头制作的简易扣袢儿。到蒙古汗国时期和元代，蒙古族服饰已有用金、银、珍珠、金锦、布、帛制作的扣袢儿。传统的扣袢儿是完全手工缝制的，牵缝的针脚和针距要均匀一致。扣袢儿的缝制工艺可以体现一件袍服或坎肩制作的精美程度。

阿鲁科尔沁蒙古族服饰

阿鲁科尔沁蒙古族刺绣

科尔沁蒙古族女子喜欢戴耳环，已婚和未婚女子所佩戴的耳环有所区别。"额莫格"是小耳环，银制为多，镂以各种图案，有的镶嵌各色宝石或珊瑚，小巧玲珑，多为未婚女子所戴。"缓赫"是耳坠，是用银片和圆柱形或圆球形珊瑚串起来的一种饰物，已婚妇女戴此种饰物较多。

科尔沁蒙古族妇女所戴的配饰中以珊瑚、绿松石、玛瑙为原料的特别多，项链和手镯也多是将数个珊瑚和玛瑙串联起来佩戴，而且样式不同，戴法多种。在藏传佛教文化中，珊瑚被视为七宝之一，随身佩戴珊瑚、玛瑙、绿松石、金、银等，有吉祥如意的含义。

2. 科尔沁草原的爱情与婚嫁

草原人民真诚、性格豪放、热爱生活、热爱草原，生活多姿多彩。阿鲁科尔沁旗国家级非物质文化遗产"蒙古族婚礼·阿日奔苏木婚礼"（以下简称阿日奔苏木婚礼）就是对草原人民生活和男女爱情的充分展示。

阿日奔苏木是清朝时期的行政区域名称，泛指现在阿鲁科尔沁旗北部的巴彦温都尔苏木、罕苏木苏木一带。阿日奔苏木的蒙古族人是成吉思汗家族的后裔，最初生活在辽阔的呼伦贝尔草原，后期迁徙到科尔沁草原，千百年来一直保持着古老的民俗。阿日奔苏木婚礼体现了浓郁的蒙古族生活气息，展示了悠扬的长调和热烈隆重的场面，表达了勤劳、勇敢、智慧的蒙古族人民对美好生活的热情追求和粗犷、豪爽、善良的性格。

从阿日奔苏木婚礼中，我们仿佛看到了蒙古族人民的生活百态。从婚礼中触摸到蒙古族人民从古至今流传下来的伦理哲学和生存理念，蒙古民族的世界观、人生观和价值观在婚礼中都得到了体现。婚礼中各个程序的赞词，是蒙古族口头文学的精品，从中我们能感受到这个古老民族对自然、对生活的赞美和对未来美好前景的向往。婚礼的每个程序都洋溢着浓烈的草原气息，蒙古包、勒勒车、骏马、长调、飘香的奶食品以及抢碗的赛马等，无一不在展示草原文化。因此，阿日奔苏木婚礼作为国家级非物质文化遗产当之

国家级非物质文化遗产"蒙古族婚礼·阿日奔苏木婚礼"（摄影／斯日古楞）

男方家人去女方家提亲献上羊肉（摄影／斯日古楞）

无愧。

历史上，阿日奔苏木的蒙古族人缔结婚姻关系有特定的原则，看重双方所在部落具有的传统的婚姻关系，力求亲上加亲，以使得部落之间的关系更加紧密。女子嫁异族，以壮大家族势力；男子娶异族，以避免部族间大动干戈。但是，男女双方必须属于无氏族血缘关系的家族。这一传统婚礼的大致流程如下：

（1）**提亲与定亲**。提亲之前，女方要请喇嘛占卜，对女孩的宜忌、五行、九宫、宿命等进行算卦，看与提亲的男方是否相克。然后把结果告诉男方一家的老者或亲友，以听取意见。男方家族众人同意后，请一位家庭成员齐全、人丁兴旺的"完美人"做媒人，媒人携带礼品去女方说媒。路上如果遇到挑空水桶的，要原路返回，因挑空桶者"空手而归"，是不吉利的象征。如果经媒人相托，双方都同意了儿女的婚事，就要订下"诺婚"的日期。"诺婚"就是正式同意把女儿嫁给男方的仪式。诺婚的程序是：男女双方的家长、媒妁、祝颂者共七人在女方家举行"苏木波力格图"酒宴。"苏木波力

新娘家招待新郎家人（摄影／斯日古楞）

格图"的"苏木"是箭的意思，"波力格图"是吉祥的意思。"苏木波力格图"意味着两家犹如射向同一方向的箭，心相连，世代友好相处。在定亲仪式上，男方要把骏马、哈达、美酒、糕点献给女方。之后，男方也要举行彩礼宴，宴席上，男方要把珠宝首饰、四季服装和牲畜送给女方，牲畜要全部备有牵绳，这叫"牵活礼"，寓意牵心牵情。当诵赞词的歌者唱完赞词和《婚礼歌》，定亲仪式也就结束了。

（2）**成亲与婚礼**。提亲和定亲是蒙古族（阿日奔苏木）婚礼的前奏，当双方把结婚的日期确定下来以后，隆重热烈的蒙古族（阿日奔苏木）婚礼就拉开了序幕。

婚礼的头一天，女方家要请客人举行"夜坐"的宴席，宴席的桌上摆上吉祥的哈达和敬天地鬼神的两杯松格酒。男女分别坐在两旁，由主持人请歌。大家共唱《婚礼歌》，按照程序唱颂赞词。

新郎迎亲队伍（摄影／斯日古楞）

婚礼歌中唱道：

> 银白色的羊群撒满山坡，
>
> 奔腾的骏马跑在原野。
>
> 无病身体健康，
>
> 无忧心情开朗。
>
> 万业如意而成，
>
> 凡事逢迎而顺。
>
> 人丁兴旺，
>
> 五畜增长。
>
> 永远气运升腾，
>
> 功名乘势远扬！

　　婚礼当日，新郎、伴郎等男方娶亲的马队来到新娘家，新郎骑骏马、腰佩箭，半路上喝野餐酒，方显男儿英雄本色。迎亲队伍来到女方家前，四位平安使者会提前报信，报信的使者会受到女方的盛情款待，并被安排在专门搭建的帐篷里休息。新郎和迎亲队伍来到新娘家后，先要绕蒙古包一圈，下马进入蒙古包门的时候，四个嫂子辈分的女人堵住门口不让新郎进入，就此开始了祝赞词说唱对阵，场面热烈又欢快。

接待新郎迎亲（摄影／斯日古楞）

新娘家人唱祝词（摄影／斯日古楞）

新郎代表说：

> 貂皮地毯长又长，
>
> 铺在草地迎亲人。
>
> 从成吉思汗那个年代起，
>
> 娶亲的队伍就受到欢迎。
>
> 尊敬的嫂子啊，
>
> 你们为啥要拦门不让我们来娶亲？

新娘代表说：

> 成吉思汗的婚俗是让我们守住这道门，
>
> 远方的客人啊，
>
> 先把来历说清楚。
>
> 说你们是狩猎却不带鹰，
>
> 说你们是赶路的为啥要带弓箭？
>
> 要是娶亲的啊，
>
> 还不快献上哈达和美酒？

当新郎家献出全羊的时候，女方两位嫂子说：

> 亲家啊，
>
> 这是什么羊？
>
> 青年人看了吓一跳，
>
> 老人看了心紧张！

新郎一方说：

> 不知这肥硕的全羊，
>
> 不是北方的游牧人；
>
> 只有有福分的人，
>
> 才能得到这么肥的羊。

总之，双方说客斗智对唱，直到女方满意为止，辩词的内容涉及天文地理、历史典故等，是娶亲过程中最有文化气氛的环节。据

相互说唱赞词（摄影／斯日古楞）

女方家向男方献哈达（摄影／斯日古楞）

给新娘准备新衣（摄影／斯日古楞）

送新娘启程（摄影／斯日古楞）

记载，新娘门前拦门，王公三道门，台吉两道门，平民一道门。

新郎施过全羊礼并敬酒后，新郎和伴郎等迎亲队伍才能进屋。新郎进入蒙古包后，首先要向佛像和长辈敬礼叩首，女方家给新人送奶食品。紧接着，女方的婚礼宴席开始，歌手唱《婚礼四曲》祝辞，长辈们点唱《赏赐八曲》。在这个过程中，新郎的平安使者喝酒假装滋事，女方嫂子故意把帐篷弄倒，把"滋事"的使者赶出帐篷，把迎亲拉车的牛赶走，意思是新娘启程的时间快到了，你们赶紧准备上路。这个过程诙谐幽默，打闹中更显快乐和亲情。

新娘启程前的程序是：女方家给新郎换上全套的新装，男女双方互赠一枚箭。在全羊上席后，女方家的人把全羊按照礼节整理后，新郎掰下羊踝骨，用绸缎包起来放进靴子，把羊颈骨赠给新娘作为双方信物。在蒙古包外面的小桌子旁，喇嘛念经祈祷祝福。新娘蒙上盖头在新郎和伴郎的陪同下，上马绕蒙古包三圈，向亲人和出生地告别。要启程的时候，新娘家给客人一一献上起蹬酒，客人接过酒后，用无名指把酒弹向天地祭天祭地，自斟酒后，再把余酒洒在马的头和尾。

此时，颂词人唱道：尊敬的亲人啊，我们就要上马启程；尊敬的亲家啊，我们还会再相逢。当男方最后一位接亲团成员饮酒上马时，他把酒碗揣在怀里扬鞭而去，女方立即扬鞭急追，试图夺回酒碗，一场男女双方的夺杯大战在回程的路上开始了。

宽阔的草原上，奔马如飞，场面热烈壮观，这是马背上的民族特有的豪情。通过这个游戏，缩短了回程的时间，也让新娘一时忘记了离别的思绪。在走到半路的时候，要把拉送亲车的牛卸下来换上自家的牛，然后，新郎和伴郎策马先行回家报信。

男方家接新娘（摄影／斯日古楞）

迎亲队伍将至，新郎全家人都要走出毡房、迎接新人的到来，新郎和伴郎则要重新返回迎亲队伍陪同新娘。新娘到了新家的时候，要踏着新毡子和绵羊皮进入蒙古包，和新郎一起向念经的喇嘛与火神叩首礼拜，用圣洁的水洗手洗脸，用洗过的手接过新郎家的奶食品品尝。稍坐后，嫂子们会重新为新娘梳头、

娘家敬上启程酒（摄影／斯日古楞）

佩戴头饰，意味着新娘已经从姑娘成为了媳妇。

男方的家宴结束后，新郎的母亲把新毡做的锅把交给儿媳妇，象征着新娘从此成为这个家庭的主妇。婆婆还要把长辈的辈分告诉新娘，因为再也不能对他们直呼其名了。隆重的婚礼结束后，前来送亲的亲人就要返回了，一曲曲离别的歌涌上心头。

新娘家送亲队伍（摄影／斯日古楞）

送亲的娘家人对新娘唱道：

　　　　马已备好了鞍，

　　　　车又铺上了毡；

　　　　石头压住了你的长袍，

　　　　姑娘啊，

　　　　这里就是你的家园。

送亲的娘家人接着唱道：

　　　　江沐沦的水啊，

　　　　在草滩上慢慢地流；

　　　　那不是江沐沦的水，

　　　　那是离别的眼泪伴着深情的歌声流。

　　喝完了上马酒，送亲的队伍扬鞭回程。几天过后，新娘的家人来看望自己的姑娘，新郎家准备好宴席盛情款待亲家。至此，充满着人文精神和厚重文化，以及浓郁的蒙古族风情的蒙古族（阿日奔苏木）婚礼结束。

　　别样的风情，奇特的婚礼，保留着古代蒙古族部落的遗风；繁复的程序，华美的赞词，传承着一个游牧民族久远的诗情。在漫长的岁月里，蒙古族（阿日奔苏木）婚礼程序不仅在阿鲁科尔沁旗流传，也影响着其他蒙古族部落，同时，这一习俗也在传承中不断丰富、发展。

新郎迎亲队伍返程路上（摄影／白音查干）

五

传统游牧与现代农业之结合

　　内蒙古阿鲁科尔沁草原游牧系统是当地几千年各游牧民族传统智慧的结晶。但是随着历史的演变，"农耕文明"和现代农业不断替代"游牧文明"，草场资源日益稀缺，游牧活动日渐减少，游牧民的生活方式明显改变。目前，阿鲁科尔沁草原游牧方式已经从原始的居无定所的"纯游牧"形式，演化成了"半游牧"和"定居游牧"的方式：在温暖舒适、交通方便的大兴安岭南麓建立居民点长期居住，春末、夏季和初秋迁徙到山北牧场进行放牧活动，秋末和整个冬、春季以定居点为中心，进行以舍饲为主的畜牧业生产。在新的时代背景下，草原游牧业系统既要不断吸收现代畜牧业技术，又要面对现代文明的影响和挑战，必须在保持系统核心优势的同时，不断开拓创新，实现传统游牧业的可持续发展。

田园牧歌（摄影／魏占军）

（一）传统游牧系统的遗产特征

1. 物质与产品生产

（1）**保障畜牧产品供给安全**。阿鲁科尔沁旗草原类型丰富，天然草原既有森林、草甸、草原、草场和干草原草场，又有大面积的沙丘、沙地植被类草场，在河流沿岸还有河漫地、山地沟谷、湖泊洼地和丘间低地等丰富多样的草原类型。这里的气候条件十分适宜牧草生长和肉牛肉羊养殖业，自然村之间距离较远，工矿企业较少，无工业污染，空气环境质量好。农作物和牧草主要施用农家肥，确保了牧草和农作物副产品无污染，所产牛羊肉具备无公害优势。传统的草原游牧方式，可确保家畜采食百草，营养丰富全面。良好的自然条件和传统的游牧放养方式保证了肉奶等畜产品的质量。

阿鲁科尔沁旗是全国知名畜牧业大旗，是中国的"草都"，畜牧业经济是重点产业，在促进全旗社会经济发展和提高农牧民收入方面占有十分重要的地位。近年来，全旗大小畜存栏突破300万头

绿色的牧场上成群的牛羊（摄影／特古斯）

（只），肉牛存栏位于内蒙古自治区前列和赤峰市第一位。2018年6月末，全旗大小畜存栏340万头（只），其中大牲畜存栏45万头，羊存栏295万只。

近年来，阿鲁科尔沁旗畜牧业在保持传统优势的基础上，顺应绿色无公害产品的可持续发展要求，完善生产技术设施条件，突出肉牛、肉羊两大重点产业，农区兼顾肉驴产业开发。传统自繁自育牛羊产业不断发展壮大，天然绿色产品优势得到挖掘开发，拥有自主品牌的高档畜产品生产体系初步形成。

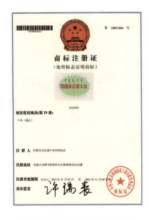
牛肉地理标志产品证书

羊肉地理标志产品证书

阿鲁科尔沁旗塔山食品有限责任公司的"赤塔"牌牛羊肉通过了绿色食品认证，北方肉业有限责任公司完成了有机转化产品认证，宏发食品公司通过了ISO 9001质量管理体系和HACCP体系认证。2012年，"阿鲁科尔沁羊肉"和"阿鲁科尔沁牛肉"地理标志认证商标成功在国家商标总局商标局注册，为提升地方优质牛羊肉知名度、开拓国内外市场奠定了基础。

阿鲁科尔沁旗草原游牧系统的牛羊以丰富多样、无污染的天然牧草为饲料，在夏秋季凉热适中的生长环境中生长，增重快、肉质好。在自然放牧条件下，牛羊在运动中采食

草原上悠闲吃草的牛群（摄影／特古斯）

各种鲜草，摄食营养更加丰富、平衡，肉质生长更加细嫩，且脂肪、胆固醇含量少，蛋白质含量较多，维生素B$_1$、维生素B$_2$、维生素B$_6$以及铁、锌、硒的含量颇为丰富。肉质容易消化吸收，经常食用有助于提高身体免疫力。羊肉中含有丰富的脂肪、维生素、钙、磷、铁等，特别是钙、铁的含量较高，且胆固醇含量低，是滋补身体的绝好食品，历来被当作秋冬御寒和进补的重要食品之一；牛肉含丰富的锌、镁。锌，有助于合成蛋白质、促进肌肉生长；锌与谷氨酸盐和维生素B$_6$共同作用，能增强免疫系统。牛肉中富含铁质，铁是造血必需的矿物质。

（2）**提供生物能源**。草原游牧民自古就用牲畜干粪作燃料烧水、做饭、取暖，这是长期以来的经验性选择，客观上也起到了保护草原的作用，避免了直接割草作燃料对草原生态环境的不良影响。当年的牛粪因为潮湿不能使用，在草原上经过淋洗、风干并完成自然发酵后，次年即可使用。在这一过程中，牛粪中的有机养分随雨水渗透到土壤中，为草原补充了养分。由于需要捡拾牛粪做燃料，牛粪供给量与迁移放牧范围相关联，因此，牧民不愿轻易变更放牧范围。游牧民知道，干粪燃料以牛粪最耐烧火旺，其次是羊粪，然后是马粪。

牧民存放的牛粪（摄影／姚予龙）

（3）**提供部分加工原料**。牛羊皮张是天然皮革，可以用来制作皮鞋、皮衣等皮革制品，草原游牧方式符合家畜生长的自然规律，牛羊在生长中经过风吹日晒和雨雪冰霜的锻炼，产出的皮革柔韧性更强，制作成的产品更加经久耐用。阿鲁科尔沁旗的昭乌达肉羊羊毛产量高，是纺织工业的重要原料，具有弹性好、吸湿性强、保暖性好等优点。阿鲁科尔沁旗山羊绒是羊绒中的上品，主要产自罕山白绒山羊。

2. 生态系统服务

（1）**生物多样性**。阿鲁科尔沁旗传统草原游牧业的形成和发展有着悠久的历史，属于世界草原畜牧业中的一个经典类型。在干旱半干旱草原这种典型的不平衡生态系统中，草原游牧系统是草原畜牧业合理的产业选择，蕴含了丰富的适应性管理知识，包含了多样性动物品种、生物物种和景观类型，承载着草原地区以游牧文明为代表的文化精髓。

● 畜牧品种多样性

阿鲁科尔沁旗家畜品种丰富多样，以牛羊为代表的传统草原游牧畜牧业生态系统在畜牧业生产历史中具有独特优势和不可替代性，其中，境内生长的牛羊经过了自然选择和人为选育，形成了稳定的基因和独特的生长生产优势，主要传统特色品种有西门塔尔牛、蒙古绵羊、昭乌达肉羊、罕山白绒山羊、蒙古马、驴等。

西门塔尔牛。阿鲁科尔沁旗在20世纪70年代末开始引进的西门塔尔牛属乳、肉、役兼用型牛，具有个体大、适应性强、肉质好、生长快、产乳量高、抗病力强的特点。其头大额宽，鼻长直，两眼距离宽，角为左右平伸，向前扭转，向上外侧挑出，角尖肉色；胸宽而深，体躯呈圆筒形，背部肌肉发达；尾部宽平直，尾粗且毛多，

腿部肌肉圆实；四肢粗壮，蹄
质坚硬结实；被毛浓密，额及
额上多卷曲毛，毛色黄白花或
红白花，一般为白头，少数为
黄眼圈，肩、腰部有条状白带，
腹部、四肢下部及尾尖为白色；
母牛乳房发育良好，乳头粗大。
成年公牛体重800～1 200千克，
胴体瘦肉多，脂肪少，肉质好，
屠宰率为55%～60%。

西门塔尔牛犊（摄影／姚予龙）

蒙古绵羊。阿鲁科尔沁旗
境内饲养的蒙古绵羊属粗毛短
脂尾羊品种，具有体质结实、
骨骼健壮、适应性强、耐寒
冷、耐粗饲的特点。其头小面
狭，公羊有角，母羊大多无角
或小角，鼻隆眼突，颈长背平，

蒙古羊（摄影／姚予龙）

尾肥大，四肢细长而强健。体躯多为白色，头颈及四肢多黑色或褐
色。成年羊一年在春秋季各剪一次毛，年产毛2千克；成年公羊体
重50～60千克，母羊35～45千克；成年羊产肉20～25千克，肉质良
好；成年母羊一年产仔一次，一胎一羔。

昭乌达肉羊。以德国肉用美利奴羊为父本，以当地改良细毛羊
为母本，在细德杂交二代基础上进行横交固定选择培育而成的肉用
性能突出的肉毛兼用羊品种，是赤峰市经过40多年的不懈努力育成
的肉羊新品种，2012年国家畜禽遗传资源委员会审定鉴定通过，获
得畜禽新品种配套系证书。该品种羊体格大，成熟早，胸宽深，背
腰平直，肌肉丰满，后躯发育良好，公母均无角。成年种公羊体

昭乌达肉羊种公羊（摄影／魏景钰）

昭乌达肉羊母羊（摄影／魏景钰）

罕山白绒山羊公羊（摄影／魏景钰）

罕山白绒山羊母羊（摄影／魏景钰）

重95.7千克，成年母羊55.7千克；剪毛量成年公羊7~8千克，成年母羊4.5~5千克，净毛率40%；羊毛长度7~11厘米，细度60~64支纱。

罕山白绒山羊。罕山白绒山羊是由当地的土种山羊经过长期的选育提高，并经过辽宁绒山羊导血而育成的绒山羊新品种，于1995年由内蒙古自治区验收命名。该品种羊体格较大，体质结实，结构匀称，背腰平直，后躯稍高，体长略大于体高。面部清秀，眼大有神，两耳向两侧伸展或半垂，额前有一束长毛，有下颌须。四肢强键，蹄质坚实，善于登山远牧，姿式雄健，行动敏捷，蹄匣有长毛覆盖。公羊、母羊都有角，公羊呈扁螺形大角，向后、外、上方扭曲伸展，母羊角细长。全身被毛纯白，分内外两层，外层为长粗毛，光泽良好，内层为细绒毛。罕山白绒山羊生长发育较快，产绒量高，绒质好。成年公羊抓绒后体重平均为43.5千克，母羊平均为30.1千克；成年公羊平均产绒量和绒细度分别为657克和15.28微米，成年母羊相应为415克和14.86微米，净绒率为70.1%。罕山白绒山羊性成熟较早，公羊1.5岁开始配种，3岁时繁殖能力最强；母羊1~1.5岁时进行配种，2~4岁繁殖能力最强。

蒙古马。阿鲁科尔沁旗境内饲养的蒙古马属乘、挽兼用型的古老品种，头大而重，眼眶突出，颈宽而短，额宽，鬐甲低，腰背宽而长，尻短而斜，骨骼粗糙，体质坚实，四肢短，关节、肌腱发达，被毛浓密，鬃、尾发育良好，且有耐粗饲、不畏寒冷、抗病力强等特点。毛色有枣红、黑、白、青、黄、栗、黑枣骝、黑灰、兔褐等。据2012年6月末统计数据显

蒙古马（摄影／姚予龙）

本地驴

示，全旗存栏蒙古马4 481匹，占马总数的24.8%。

驴。阿鲁科尔沁旗当地饲养的驴体型比马小，耳长，尾根毛少，尾端似牛尾，被毛多为灰、褐或黑色。乘、驮兼用，耐粗饲，抗病力强，适应性广。其性格温顺，富忍耐力，但颇执拗。

● 牧草品种多样性

牧草在阿鲁科尔沁蒙古族游牧系统中有着举足轻重的作用。阿鲁科尔沁旗的牧草种类多样，主要包括豆科的紫花苜蓿、天蓝苜蓿、草木樨、细叶扁蓿豆、胡枝子、小叶锦鸡儿、斜茎黄耆等，禾本科的大针茅、羊草、赖草、冰草、稗、狗尾草、芨芨草等，菊科的白蒿、东北茵陈蒿、黄蒿等，百合科的野韭菜、野葱、小根蒜等，鸢尾科的马蔺等，莎草科的苔草和水葱，以及麻黄等灌木（表5-1）。

表5-1　阿鲁科尔沁旗主要牧草品种

科名	名称	科名	名称	科名	名称
豆科	紫花苜蓿	禾本科	羊草	菊科	白蒿
	黄花苜蓿		赖草		差不嘎蒿
	天蓝苜蓿		冰草		东北茵陈蒿
	细齿草木樨		披碱草		黄蒿

（续）

科名	名称	科名	名称	科名	名称
豆科	草木樨	禾本科	垂穗披碱草	鸢尾科	马蔺
	辽西扁蓿豆		无芒雀麦	百合科	野韭菜
	细叶扁蓿豆		糙隐子草		野葱
	山野豌豆		隐子草		小根蒜
	多茎野豌豆		野稗	莎草科	苔草
	歪头菜		狗尾草		水葱
	野大豆		中华隐子草	灌木	麻黄
	野火球		多叶隐子草		
	胡枝子		芦苇		
	兴安胡枝子		芒草		
	细叶胡枝子		短穗看麦娘		
	达乌里胡枝子		芨芨草		
	小叶锦鸡儿		中井芨芨草		
	狭叶锦鸡儿		光颖芨芨草		
	柠条锦鸡儿		大针茅		
	斜茎黄耆				
	兴安黄耆				
	草木樨黄耆				

紫花苜蓿（摄影／白艳莹）

天蓝苜蓿（摄影／白艳莹）

大针茅（摄影／姚予龙）

羊草（摄影／白艳莹）

● 其他农业生物多样性

阿鲁科尔沁旗的农作物种类十分丰富，主要有小麦、水稻、谷子、玉米、高粱、荞麦、糜子、黍子、大豆、杂豆、马铃薯等粮豆作物，向日葵、芝麻、胡麻、油菜、甜菜、烟叶、药材、红椒、万寿菊等经济作物，韭菜、菠菜、葱、春白菜、茄子、辣椒、番茄、黄瓜、豆角、角瓜、芹菜、香菜、芥菜、甘蓝等蔬菜，还有青贮绿肥、苜蓿等其他作物。

谷子的当地品种有大金苗、铁把子、干尖子、老虎尾、大红苗子、大白谷、大白毛、绳子紧、毛八叉（快发财）、杈子青、齐头红（刀把齐）、喇嘛黄。高粱的当地品种有老来白、大黄壳、大青叶。玉米的当地品种主要是大白棒子。大豆的当地品种主要是大白脐。芝麻的当地品种有霸王鞭、八筒白。

● 相关生物多样性

阿鲁科尔沁草原游牧系统地处大兴安岭南部山地生物多样性集中分布的典型地段，是东亚阔叶林与岭北泰加林、草原与森林双重过渡地带，也是我国东北、华北、蒙新（内蒙古及新疆）三大动物区的交汇地带，境内生物物种资源十分丰富。现有草类植物640余种，分属82科330属；有野生维管束植物85科319属665种，其中蕨类8科11属15种，裸子植物3科4属5种，被子植物74科304属645

黄花菜（摄影／姚予龙）

芍药（摄影／姚予龙）

野百合（摄影／姚予龙）

山桔梗（摄影／杨伟东）

种，禾本科50种，蔷薇科40种，豆科29种；现有鸟类11目30科87种，哺乳类6目14科33种。此外，还有昆虫类、爬行类、蜘蛛类、苔藓类、真菌类、地衣类等多种类生物。

● 草原类型多样性

阿鲁科尔沁旗北部是大兴安岭中山丘陵，南部是西拉木伦河，森林茂密，草原广阔，河流密布。该地主要是东北温带半湿润草甸草原，拥有山地草甸草原草场、低山丘陵干草原草场、沙丘沙地植被草场和河泛地低洼地草甸草场4种草场类型。

（2）**生态适应。**草原游牧畜牧业是在千百年自然选择中提炼出的符合家畜自然生长规律、生物与自然和谐共处的生产方式，决定了其在畜牧业生产中的重要地位。

①基于对自然环境的保护。简单的游牧生产方式蕴含着和谐、循环发展等大智慧。适当放牧对草原生态是一种合理保护，草原和

家畜是互利共生关系，适度采食在促进牧草生长同时可保证牧草鲜嫩，家畜的粪尿给草原提供了丰富的营养，使牧草生长得更茂盛。阿鲁科尔沁旗游牧区域一大部分集中在北部巴彦温都尔草原，这里是典型的原生态山地草原，山坡干燥，适合搭建蒙古包居住，山沟、小河流水提供了水源。低洼地带有更多湿地草原，牧草生长速度快，承载家畜能力强。游牧生产方式安排始终沿着草原生长规律运动的路线，跟随牧草长势，牧民赶着牛羊，携家带眷迁徙放牧，过着逐水草而居的游牧生活。到天气逐渐变冷、牧草渐渐变黄的时候，他们又会赶着膘肥体壮的畜群，携家带眷地回到南部气候相对温暖的地区越冬度春。

②实现不同季节草原的科学分配。在现代畜牧业快速发展的形势下继续保留游牧传统的内在原因是，这种最简单甚至有人称为"落后"的方式，是广大牧民世代丰富经验和智慧的总结，蕴含了朴素的可持续发展理念。其主要特征是结合气候的季节性变化，划分出春夏秋冬不同的放牧区域。罕山北部游牧地区草原广阔，地表腐殖质丰富，春季后期牧草快速返青，特别适于春、夏、秋3个季节放牧。但到了冬季，北部风大雪多，极度寒冷，家畜生存极其困难，

在典型山地与河谷草场上放牧（摄影／赵国兴）

所以聪明的牧民在寒冷到来之前，让牛羊啃食尚未枯萎、营养价值较高的牧草，等牧草将要枯黄时再迁徙返回到南部越冬。南部草场由于牧草生长季节得到休养生息，绝大多数成为打草场，可收获足够多的越冬牧草，确保牲畜在冬季安全越冬。

③家畜生理特征与环境相适应。转场游牧的方式可以有效预防家畜疾病。牧民在游牧到夏季牧场前，首先要进行驱虫，让家畜把体内的寄生虫及虫卵排净，切断传染源，确保健康。家畜寄生虫病"年年防治年年有"，主要是由于年复一年的循环感染，而这与单一

草场牧牛（摄影／特古斯）

放牧前清点羊群数量（摄影／姚予龙）

狭小的饲养环境和放牧环境有关，游牧方式则有助于避免或减少循环感染。

④放牧有利于牲畜健康。圈养舍饲条件下，牲畜运动不足，免疫力下降，会引发诸多疾病。放牧畜牧业不是依赖全价饲料饲养，对牲畜常年圈养舍饲，而是根据草场环境条件和气候变化实施划区轮牧。放牧既可以让牲畜在觅食天然饲草时运动起来，还有助于刺激牲畜的觅食欲望，更能够为牲畜提供健康成长的天然环境。

⑤地区传统文明的延续。"一方水土养一方人"，生态环境和生活方式与一个民族性格的形成和发展是息息相关的。游牧生产方式必然有与之配套的生活方式，骑马、狩猎和野炊等，都是需要传承的文明。长期的实践证明，建立在与生态环境和谐共处情况下的游牧生产方式，是自然选择的结果，符合自然发展规律，这正是草原

乌兰哈达草场牧羊（摄影／姚予龙）

民族传统文明得以延续的原因。

（3）**水源涵养，防风固沙**。在阿鲁科尔沁旗高格斯台罕乌拉山（简称罕山）南北坡划定稳定的区域进行常年游牧活动，有助于稳固退耕还林还草成果，有助于保持地表植被的生态稳定性，起到保护水源、防风固沙的作用。阿鲁科尔沁旗北部主要分布有3条河流：海哈尔河发源于罕山脚下，全长255.2公里，流域面积7 840.93平方公里；苏吉格勒河、达拉尔河也发源于罕山，分别在下游汇入海哈尔河。

覆盖罕山南北坡全部范围的阿鲁科尔沁草原游牧系统凭借其大面积的草场、厚层的枯枝落叶和发达的植物根系，能够很好地蓄水并净化水质。

达拉哈诺尔湿地（摄影／杨伟东）

3. 景观特征

阿鲁科尔沁旗域内山川、沙漠、丘陵、沼泽、沟壑纵横交错，北部属山区，峰峦叠嶂，中部属半山区，南部属丘陵沙漠区。地域内保留了较为完整的山地森林系统、草原生态系统、湿地生态系统、沙地生态系统，既有巍峨雄伟的崇山峻岭，还有茫茫无际的原始草地，其间分布点缀着河流湖泊，形成了独特的游牧景观。这里的生物物种丰富多样，有原始森林、山地、裸岩、湿地、河流、草原、农田、居民点等多种景观类型，有多种国家级的珍稀动植物保护种类。

高格斯台罕乌拉山（摄影／杨伟东）

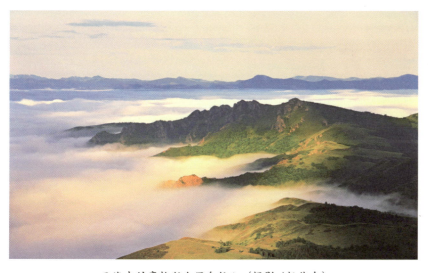

云海中的高格斯台罕乌拉山（摄影／杨伟东）

本地景观最为知名的当属内蒙古高格斯台罕乌拉国家级自然保护区（简称罕山自然保护区）。该保护区位于阿鲁科尔沁旗偏北部，属于大兴安岭山脊部位阿尔山支脉，山体呈东北至西南走向，地貌以山地为主。由于地势较为陡峭，降水较为丰富，相对湿度大，因而侵蚀地形发育，地形切割较深，山地分布了较多的山沟和冲谷。

玛尼图沙湖（摄影／杨伟东）

苏吉格勒河谷（摄影／姚予龙）

区域地形高差不大，海拔高度为800～1 500米，属中低山和丘陵河谷地形。主要保护对象为：大兴安岭南麓山地典型的过渡带森林－草原生态系统；西辽河源头的重要湿地生态系统；栖息于该生态系统中的野生马鹿（东北亚种）种群；国家重点保护鸟类大鸨、黑鹳及其他珍稀濒危鸟类。

该地区景观按照功能划分，从南到北有典型的空间差异性。南部的"冬春牧区"是以草地畜牧业为主，但是兼有一定农田，社会经济比较发达，因此景观类型较多；中北部的罕山自然保护区以森林为主，有少部分草地，植被覆盖总体较高，但是草

地利用方式和程度受自然保护区有关法规限制；北部的"夏秋牧场"以草地占绝对优势，是游牧系统的核心地区。具体可以描述为以下内容。

　　南部景观带位于遗产地南部，海拔较低，温度较高。包括22个嘎查（即行政村）和1个护林站。本区草地面积占本区50.18%，与遗产地整体水平相似。农田比例占本区面积的3.98%，属于3个分区中最高的。本区在游牧系统中的主要功能是在食草匮乏的寒冷冬季为牛羊提供最基本的生存保障。

　　中北部景观带全部范围属于高格斯台罕乌拉国家级自然保护区，是牧民从南部向北部迁徙游牧的必经地区。第一个功能是为南部和

壮丽的浑都伦河（摄影／董双印）

海哈尔河谷（摄影／杨伟东）

北部两大牧区提供生态安全保障（水源涵养、水土保持、生物多样性保护）；第二个功能是提供往返游牧通道：保护区划出60米宽的游牧通道，供春秋季节游牧迁徙使用；第三个功能是根据国家自然保护区相关法律，作为保护区最外围的"缓冲区"使用，可以在保障自然保护区内动植物珍稀物种安全的前提下，继续有限利用。这里的草地质量很好，可以作为冬春季节的打草场。

北部景观带位于遗产地北部，海拔较高，温度较低。本区草地面积占本区总面积的90.22%，是纯粹的放牧区。有2个嘎查常年在此放牧；有21个嘎查夏秋季来此游牧。本区包括乌兰哈达、雅图特、塔林花、宝日温都尔、查干温都尔、浑都伦六大牧区。

4. 技术体系

阿鲁科尔沁旗畜牧业的发展历史悠久，早在新石器时代，人们就在这里从事狩猎和游牧生产活动。辽阔宽广的草地资源、水草丰美的草原生态系统，孕育并延续了传统草原游牧畜牧业，牧民们在从事畜牧业生产和游牧生活中积累了丰富的畜牧业技能和经验，通过多年总结提炼，形成了传统畜牧业文明。

（1）**季节性转场**。蒙古族牧民在千百年的游牧生产活动中，熟

放牧中生产的羊羔放入毡袋（摄影／斯日古楞）

当年的牛犊（摄影／姚予龙）

知周围自然环境，掌握了包括天气变化、季节转换、动植物种类、山川河流、草地湖泊等诸多相关知识，从而合理制定出一年的循环游牧线路。他们在进行游牧时，必然要考虑到季节变化与畜群的移动方向、畜群数量与草场承载力、牲畜的种类与牧草、畜群的大小与水草等诸多关系。牧民根据一年四季气候变化，把牧场分为春营地、夏营地、秋营地和冬营地，不同营地有不同的放牧方式。

春营地：每年春季四月过后，天气渐渐回暖，牧民开始接春羔。到春末夏初到来之时，随着气温进一步回升，冰雪融化、青草发芽，农牧民从冬营地转场到春营地，开始春季游牧。

春季游牧出场时牧民要走到几十里外安营扎寨，所以要把车辆等生产生活器具准备妥当。迁移用车辆因家庭条件而异，车辆数多为三、五、七、九、十三等单数。一般游牧车辆由运蒙古包车、粮油车、行李车、衣物生活用品车、水车、围毡车等构成。

游牧车辆出行途中根据役畜和畜群的膘情在适宜休息、食用水草方便的地方暂时驻停。到休息地时，车辆和畜群停止前行，就地让牲畜食草，取河水熬茶做饭，食物以炒米、奶豆腐、风干牛肉为主。

游牧民每到一处休息或安营扎寨，会用三块石头当作灶台，把锅坐在上面熬茶做饭。喝茶之前首先向山山水水及灶王爷祭祀祈祷，表达感恩之情并祈求平安吉祥。休息完前行时，将作灶用的三块石头安放到原位。这种珍惜和爱护大自然的习俗在蒙古族中代代相传。

夏营地：到六月份的时候，开始迁移到夏营地。牧民们赶着畜群经过

母牛哺乳（摄影／姚予龙）

几天的长途跋涉才来到夏营地。迁移途中每遇到敖包或河流时就祭祀奶食品以表达对大自然的感恩和祈求吉祥安康。

到达夏营地后，首先需要立蒙古包，要选择没有立过蒙古包的地点安放，避免人畜反复在一个地点活动导致植被难以恢复，造成沙化。立蒙古包时特别注意方向定位，基本程序为：先定位方向，朝东南方立门，顺时针方向立哈那（蒙古包内壁），再搭炉灶，在蒙古包内西北处安放菩萨柜，意在短短几个月的游牧生产中，祈盼人畜安康吉祥。然后摆放其他家具用品。

取山泉水煮茶做饭（摄影／魏占军）

夏季牧场定居点（摄影／戴明生）

夏营地在生产方面主要有以下几个活动事项。

①家畜割骟。蒙古族中以农历四月十五为割骟日，即在这天对羔羊、牛犊、四五岁公马进行割骟。蒙古族特别注重割骟日，对羔羊进行割骟时将炒米像玉玺状摆放在一条白毡上。割骟人坐在毡垫上点燃火堆撒上檀香，放个奶盆，盛放割下来的羔羊睾丸。割骟马时，需多人合力将马放倒捆扎固定，用凉水清洗后用刀割骟。割骟后，将马的睾丸用火烧熟，羔羊的睾丸用锅煮上，做好阿木斯（黄油干饭）和陶浩来（乌如莫拌面片），招待前来帮忙的亲友邻舍。

②剪马鬃、打马印、修马掌、剪羊毛、硝制牛皮也是牧民每年都做的一项工作。春末之际，骑手们挥舞着套马杆在草原上圈围着马群，把每匹马套住后牵住，打马印、剪马鬃，打马印是为了易于辨识，剪下鬃毛为的是让马享受夏季的清凉且不遮挡视线。剪下的马鬃非常珍贵，可制成结实的绳索，可加工成冬日御寒的袍子或制成乐器，还可以制成画笔。剪羊毛是在每年的7月进行，羊毛可用来制作羊毛毡、鞍垫、蒙古包的围毡、炕毡、毡鞋、毡靴等生产生活用品。

硝制的牛皮制成皮条，可制作马鞍、马龙头、马绊等牧业生活中不可缺少的用品。同时，也硝制绵羊皮，绵羊皮的硝制工序是用盐、酸奶汤，掺兑着水浸泡羊皮7天，硝制完后的绵羊皮，缝制成衣

套马杆套马（摄影／王伟东）

剪短鬃毛（摄影／王伟东）

服，用毛厚的皮制成冬天穿的长袍。将皮衣外面用火烟熏制成黄色做成衣服，这种衣服可防雨雪，经久耐用又保暖。

③驯马。蒙古马有着惊人的耐力，除了其独特的遗传基因外，还主要依赖于蒙古族特殊的驯马方法。

蒙古族最重要的驯马方法是"吊马法"。这是一种包括拴吊、吊汗、奔跑训练相结合的一整套训练方法。"拴吊"是指每天选择某些时间段把马拴在马桩上，控制其饮食。"吊汗"是指通过一定的奔跑让马体排出大量的汗液，并根据汗液特征来调整训练强度。"奔跑训练"是指进行从近至远的奔跑训练，让马逐步适应高强度的运动。"吊马法"对提升蒙古马的质量、耐力方面起到重要作用，而蒙古族在草原上游牧、打猎无不依赖马的这种超强耐力。

马匹是游牧民族生存的重要工具。马匹既便于迁移，又能够随时作为坐骑对敌人进行出其不意的战斗。对于游牧业来讲，决定其发展的关键因素不在于土地占有权，而更多地取决于迁移权，只有在随阳而迁的迁移过程中，草原民族才能不断获得丰美的水草，发展壮大。因此，驯化马匹，控制牲畜行动、适应频繁的迁徙，是草原民族游牧生涯的关键。

④制作木质物品。用春季和冬季采伐的木料制作牛车、蒙古包、马鞍、儿童摇篮等木制物

套马（摄影／魏占军）

骑手驯马（摄影／杨伟东）

品。制作勒勒车主要使用柞木和榆木等坚硬的木料作为原材料。其
结构由车辕、车轮两大部分组成，是蒙古族人民主要的运输工具。
摇篮是蒙古族养育孩子的必备用具，其制作木料选用生长偏远的山
荆子树等结果子的树木来制作，意在祝子孙兴旺、长寿。

轮轴取材（摄影／斯日古楞）

轮轴烘烤（摄影／斯日古楞）

制作车轮（摄影／斯日古楞）

安装车架（摄影／斯日古楞）

组装全车（摄影／斯日古楞）

制作完成（摄影／斯日古楞）

　　夏营地在生活方面，主要是制作奶制品、庆贺节日、走亲访友等。夏季放牧期间，雨水充沛，草场肥美，牲畜逐渐膘肥体壮，牛的产奶量大幅增加，酸奶、奶豆腐等各种各样奶食品丰盛起来。此时强壮的牲畜无需太多的人力照顾，牧民们便有了闲暇时间，以各种形式祭祀敖包，举行那达慕，庆祝丰收，草原上绵羊肉、奶食品

早晨挤奶（摄影／特古斯）

老人们在蒙古包内刺绣（摄影／魏占军）

"骑"乐融融（摄影／杨伟东）

蒙古包内的小女孩（摄影／姚予龙）

敖特尔——游牧区简易医疗点（摄影／姚予龙）

和炒米等成了待客主食。

秋营地：到了秋天，牧民逐渐由夏营地向秋营地迁移。回秋营地时要缓慢地边放牧、边迁移，所以日程需要长一些，并且几家合作迁移。连续多日赶路，牲畜显得有些疲乏，回到秋营地后，不愿走远，就近采食。在秋营地，游牧民在生产生活上主要开展以下活动。

①打草。在草场枯萎之前，游牧民全家出动，男女老少一起打草、码垛。这是蒙古族的传统美德，让少年儿童从小参加劳动，使他们尊重劳动，学会自立，跟大人参加劳动学知识，长见识，早成熟，正如老者们所说的蒙古族的儿童，早受苦一定会成好汉。

②维修越冬棚圈。受风吹日晒的影响，越冬棚圈房顶和围栏都需要维修加固，为牲畜过冬做好准备。

冬营地：冬营地与秋营地基本上在同一地方。在冬营地，牲畜主要以舍饲为主，放牧为辅，尤其是大雪冰冻天气，牲畜无法在草场上啃草，基本靠储藏的草料喂食。入冬，牧民宰杀牛羊，准备过冬肉食。到了农历十月廿五日，用黄油、炒米制成油米饼祭佛，邻居间送油米饼（查日查森布达）互相祝福；农历腊月廿三是全蒙古族祭祀火神日，家家用羊胸脯肉和其他食物来祭祀火神，连续三天守戒，停止与外界借贷事宜；除夕，老少皆大欢喜迎新年，欢度喜庆的日子。春节期间，让牲畜吃饱喝足，确保人畜安康。

入秋前打草储备草料（摄影／姚予龙）

返回秋冬定居点（摄影／姚予龙）

冬季在定居点居住砖房（摄影／姚予龙）　　　　　冬季羊只暖棚（摄影／姚予龙）

冰上游戏"阿日嘎"（摄影／李国有）　　　　　冰上游戏"阿日嘎"（摄影／杨伟东）

冬季牧马图（摄影／杨伟东）

（2）**传统游牧路线**。牧民在长期的游牧活动中熟知并掌握了周围的自然环境特点，包括山川、河流、湖泊的分布，动植物种类和其生长、繁殖活动特性，春夏秋冬季节变化和气候的冷暖干湿规律等诸多知识，经过多年的经验积累，综合气候的四季变化、水源的分布、草地的种类与长势、畜群种类与数量等诸多因素，逐渐形成了以部落（现为嘎查与村民小组）为单位的一年四季的游牧范围和迁徙路线。

游牧系统核心区从冬春营地转往夏季营地放牧的过程是蒙古族先民"逐水草而居"的缩影。到了游牧季节，牧民们以嘎查或者之下的村民小组为单位，从定居地出发，分别沿着达拉尔河、苏吉格勒河和海哈尔河以及其支流，逆流而上，经过1～3天的跋涉，到达大兴安岭北坡的6个游牧片区，分别是乌兰哈达片区、雅图特片区、宝日温都尔片区、塔林花片区、浑都伦河片区、查干温都尔片区。

雅图特草场（摄影／姚予龙）

乌兰哈达草场（摄影／姚予龙）

①达拉尔河线路。从阿拉坦温都尔、包日浩特等东部多个嘎查出发，逆达拉尔河北上，经那杰嘎查、那日苏台嘎查、伊和格日护林站、甘珠尔敖包，至乌兰哈达、雅图特片区。迁徙距离70～110公里，历时2～3天。

②苏吉格勒河线路。从玛尼图、阿日呼布等嘎查出发，溯海哈尔河北行一段后，分道至苏吉高勒河逆流而上，至宝日温都尔（牙

宝口温都尔草场（摄影／姚予龙）

力嘎图、沃台珲迪）、塔林花片区。迁
徙距离35～70公里，历时1～2天。

③海哈尔河线路。从达日罕、沙日
包特、巴彦包勒格等嘎查出发，溯海哈尔
河北上，经查干敖包、巴日图、艾来河，
至塔林花片区；或经浑都伦河向西，翻越
马拉根达巴山口，进入查干温都尔片区。
迁徙距离35～80公里，历时1～3天。

塔林花人工草场（摄影／姚予龙）

塔林花牧场余晖（摄影／姚予龙）

浑都伦草场（摄影／杨伟东）

查干温都尔草场（摄影／姚予龙）

以巴彦温都尔苏木各嘎查定居点为例，其转场路线及典型牧户转场路线请见表5-2、表5-3。

表5-2　巴彦温都尔苏木各嘎查定居点到夏季牧场路线图统计表

定居点	游牧点	转场路线（地名、山名、河流、敖包等地标物）及里程（公里）			
嘎查	草场	第一天	第二天	第三天	总里程
巴彦包勒格	浑都伦	查干坝、巴日图坝、防火站、浑都伦河			20～35
沙日包特	浑都伦	海哈尔河、护林站、巴日图坝、防火站			30～40
达日罕	查干温都尔	海哈尔河、护林站	巴日图坝、防火站	浑都伦、马拉根达巴	70
玛尼图	查干温都尔	放力木、海哈尔河、护林站	巴日图坝、防火站	查干敖包、艾日根图河	82
阿日呼布	塔林花	放力木、海哈尔河	查干坝、巴日图坝	查干敖包、艾日根图河	87
和日木	塔林花	达日罕、海哈尔河	查干坝、巴日图坝	查干敖包、艾来河	75
海拉苏台	艾来绍荣	沙布台艾力、萨木大坝	查干坝、巴日图坝		70
沙巴日台	牙力嘎图	巴音查干艾力、查布呼舒	苏吉河、高林吉如河		50
巴彦查干	沃台浑迪	查布呼舒	苏吉河、高林吉如河		45
阿木斯尔	乌兰哈达	宝迪塔拉、必西宝楞、那杰艾力	伊和格日	甘珠尔敖包、阿斯大坝	110
包日浩特	乌兰哈达	宝迪塔拉、必西宝楞、那杰艾力	伊和格日	甘珠尔敖包、阿斯大坝	110
查干敖包	雅图特	宝迪塔拉、必西宝楞、那杰艾力	伊和格日	甘珠尔敖包、阿斯大坝	105
吉布图	雅图特	宝迪塔拉、必西宝楞、那杰艾力	伊和格日	甘珠尔敖包、阿斯大坝	110
拉才花	雅图特	那杰艾力、必西宝楞	伊和格日	甘珠尔敖包、阿斯大坝	100
前那杰	乌兰哈达	必西宝楞	伊和格日	甘珠尔敖包、阿斯大坝	90
后那杰	乌兰哈达	必西宝楞	伊和格日	甘珠尔敖包、阿斯大坝	85
那日苏台	雅图特	超力贝湿地、伊和格日、巴音格日	甘珠尔敖包、阿斯大坝		70
阿拉坦温都	雅图特	和日木大坝、必西宝楞、哈日朝仑浑迪	伊和格日	甘珠尔敖包、阿斯大坝	80
德布力	雅图特	和日木大坝、必西宝楞、哈日朝仑浑迪	伊和格日	甘珠尔敖包、阿斯大坝	75
哈日诺尔	雅图特	宝迪塔拉、那杰艾力、必西宝楞	伊和格日	甘珠尔敖包、阿斯大坝	75
毛浩尔	乌兰哈达		伊和格日	甘珠尔敖包、阿斯大坝	85

表5-3　巴彦温都尔苏木各嘎查典型牧户从定居点到夏季牧场路线统计表

	定居点	游牧点	转场路线(地名、山名、河流、敖包等地标物)及里程(公里)				各牧户拥有牲畜数量		
户主姓名	名称	名称	第一天	第二天	第三天	里程	羊(只)	牛(头)	马(匹)
哈斯朝仑	达日罕	查干温都尔	海哈尔河、护林站	巴日图坝、防火站	浑都伦、马拉根达巴	70	520	45	83
巴拉吉尔	达日罕	查干温都尔	海哈尔河、护林站	巴日图坝、防火站	浑都伦、马拉根达巴	70	180	36	75
呼和巴拉	沙日包特	浑都伦	海哈尔河、护林站、巴日图坝			40	410	20	68
青格乐图	沙日包特	浑都伦	海哈尔河、护林站、巴日图坝			40	1300		
照日格图	阿日呼布	塔林花	敖力土艾力、海哈尔河	查干坝、巴日图坝	查干敖包、艾日根图河	87	120	90	
沙日巴拉	阿日呼布	塔林花	敖力土艾力、海哈尔河	查干坝、巴日图坝	查干敖包、艾日根图河	87	140	35	
阿木古楞	沙巴日台	牙日嘎吐	巴音查干艾力、查布呼舒	苏吉河、高林吉如河		50	520	150	
仁钦	沙巴日台	宝日温都	巴音查干艾力、查布呼舒			50	630	60	
明干白音	包日浩特	乌兰哈达	宝迪塔拉、必西宝楞、那杰艾力		甘珠尔敖包、阿斯大坝	110	520	55	

　　（3）**放牧管理知识**。①分群管理。马、牛、羊都有群聚特性和特定的生活习性，蒙古族牧民对不同的牲畜进行分群分类管理，这样便于放牧和饲养管理。

　　马群：马群以公马为主进行畜群结构的配置。一般一个马群中选一匹优秀的种马作为马群的领头，此外，调配一定数量的母马、骟马（阉割后的公马）和马驹，马群的数量一般维持在10～20匹。

　　牛群：牛群规模的大小根据牧草资源的分布状况决定。一般牛群的数量控制在60头以内，平常时间公母牛分群放牧，配种期一头种公牛配15～20头母牛。

羊群：羊群结构和数量根据牧草资源的分布状况决定。在平坦的草地，单个的羊群最多可为一千只左右，而在牧场较小的地区或山区，一般一百多只羊组成一群放牧。绵羊和山羊通常合群放牧。山羊机警灵敏、活跃好动，在羊群里经常扮演领头羊的角色。

②有序放牧。为保护和合理利用草场，同时照顾到不同种类牲畜啃食习性、体质强弱情况，放牧中要安排好草场和牲畜的放牧顺序，主要体现在下面两点。一是为保护和合理利用草场，安排好不同牲畜群的放牧顺序。一片草场首先放牧对草地资源破坏力最小的绵羊，其次放牛，最后放山羊。因为牛对草地践踏严重，而山羊喜啃食草根，都易破坏草地，不利于草的生长，因此在放牧顺序的安排上置于最后。二是根据畜群体质安排不同放牧地点。如健壮的羊群可赶到距离较远、坡度较陡的草场放牧；怀胎的母羊、体质瘦弱的羊群留在距离较近、坡度平缓且牧草长势较好的草场放牧。马群在头马的带领下可自行流动，不用牧民跟随，没有地域限制。

牧民早晨骑马放羊（摄影／特古斯）

③**掌握时间**。夏秋季节在游牧区放牧"早出晚归",即出牧要尽量早,归牧要尽量晚,最大限度延长畜群采食时间。夏秋是牲畜的哺乳期,一般早晨先挤奶,再放牧,下午回圈后再挤一次奶。夏天放牧避开低洼潮湿的地方,防止感染寄生虫。晚秋和冬季回到定居点后,因为气温低,较寒冷,出牧时间可稍晚。秋分过后,充分利用田间地头农作物散落的谷粒、落叶、野草籽实放牧,同时要避免妊娠中的母羊吃到霜冻和有冰雪的草,以防引起流产,多给母羊喂精饲料和加盐后的温水。

(4) **繁殖知识**。传统草原游牧畜牧业全部采用自然交配,原始游牧畜牧业种公畜通过优胜劣汰获得交配权,在自然选择中优秀的健壮种畜会生存下来。传统草原游牧畜牧业中,马繁殖后代的模式比较典型,一头优秀的种马统治着一个马群"部落",种马在这个"部落"中具有绝对的权威,在什么地方采食由种马决定,种马会带领马群运动,牧马人只要找到领头的种马,便可引领该马群。马群的繁殖有一定的规则,放牧马群中绝对不会出现近亲杂交的"回血"现象,小公马接近1周岁,就会被其父亲逐出马群,小公马也绝对不与其母进行交配。同样,小母马接近1周岁要发情配种时,其父亲便会把它赶到别的马群,等配完种才让其回群。

自然游牧的牛羊群中,同样存在优胜劣汰的激烈竞争,体质不佳的公牛、公羊没有繁殖后代的机会,自然条件下,牛羊公母比例均在1∶50以内。

牧民为保证羔羊的

马群自然交配繁育（摄影／姚予龙）

成活率，人为安排好羊群交配受孕时间，从而使羊群大批量在春暖花开时节（清明节后）产羔，而尽量避开严寒冬季。一种是大规模放牧条件下实行公羊母羊分群放牧，在固定的时间（11月初）再集中合群交配受孕；另一种是家庭小规模养殖不分群情况下，用毡片或皮张裹住公羊的腹部，防止公羊在不恰当的时间段偷配母羊。历经世世代代的传承和发展，传统蒙古族游牧生产过程中的选育良种、接羔保育、分群放养、大小牲畜结构合理搭配等环节都蕴含着科学实用的生产经验、人与自然和谐发展的朴素思想。

目前，现代畜牧业良种繁育体系已经在牧区普及，牛、羊品种改良已经是畜牧业饲养中的常规工作，如黑白花改良奶牛、西门达尔改良肉牛、蒙古羊、昭乌达肉羊、罕山绒山羊等是阿鲁科尔沁牧区牛羊的主要品种。

（5）**疫病防控技术**。传统草原游牧畜牧业疫病预防控制与生产方式相辅相成，游牧生产方式本身就是保证家畜有一定的运动，通过运动锻炼家畜体质，保证家畜健康。季节性定时游牧转场，可以有效防止家畜粪便污染草场，特别是家畜排出的寄生虫卵造成重复感染，有效防控家畜寄生虫病。对牲畜普通疾病的治疗也是就地取材，简便有效。常见的有放血疗法，牧羊人随身携带针具，对牲畜进行穴位刺激和放血治疗。对草原上常发生的牛羊误食毒草中毒症

针刺放血疗法器械

针刺穴位放血

状，牧民采用灌服酸奶汤进行解毒；对反刍动物牛羊等消化不良症状，一般采用接种健康牛羊反刍食团方法应对，用现代医学理论解释就是促进消化酶的产生。

5. 知识体系

阿鲁科尔沁草原游牧系统的本质是"定居放牧"，"逐水草而居"不是随意性的"自由放牧"。事实上，牧民们是根据蒙古高原自然环境、地理特征，季节性气候条件以及所拥有的草地资源禀赋、水源地分布，有选择地从事游牧生活。他们"游牧式"的畜牧业经营过程体现了千百年的经验积累，蕴含了丰富的草原适应性管理经验。

（1）**牲畜季节性放牧过程是对草原上牧草多样性进行调节**。传统草原游牧畜牧业中家畜与草原是一种互利共生关系：早春菊科蒿草生长旺盛，幼嫩时即被家畜吃掉，避免蒿草影响其他植物正常生长；根据家畜对牧草的采食有选择性的特点，合理安排放牧次数或放牧时期，针对性采食某种适口性好的牧草，能促进该牧草的分蘖、分枝和生长。

（2）**放牧过程家畜四处排出的粪便尿液为牧草提供了有机肥料营养**。一头500千克重的成年牛，一年排泄氮约7.5千克、磷约3千克、钾约4千克。因此放牧能使牧草和家畜相互提供营养物质，对草原生态系统的物质循环起促进作用。

（3）**适当的放牧活动能改善土壤结构，提高草地通透性**。放牧过程中家畜在草原上走动、奔跑践踏，能使地面苔藓和藻类形成的覆盖层破碎，利于自然散落的牧草种子获得生长发育的环境条件，还能使枯死的植物倒伏、破碎，加速分解，提高土壤的有机质含量。能使植物根系稠密，与土壤结合形成弹性很强的草皮，提高草原的耐牧性。

(4) 草原游牧系统的传统知识与现代畜牧业生产技术逐渐融合。

引进牛群良种及人工授精技术，羊群的提纯复壮技术，天然草场保护、人工草场建设、青贮饲料种植，以及暖棚、暖圈建设等，逐渐破除了传统游牧业过于依赖自然条件，牲畜生长过程中难以回避的"夏肥、秋壮、冬瘦、春死"的生命周期"魔咒"。使得传统游牧系统在保持其核心价值观——"天人合一"的基础上，进一步融入现代科技元素，提高了系统的开放性与可持续性，最终也促进"游牧系统"能够随着历史的发展而不断更新、传承并且历久弥新。

6. 文化特征

公元前4世纪到3世纪诞生于今内蒙古河套及大青山的匈奴是我国北方最早的游牧民族的氏族部落和部落联盟，其后又出现了东胡、乌桓、鲜卑、柔然、突厥、回纥、女真、契丹等强盛一时的游牧部落。骑在马背上，放牧牛羊，逐水草而居，是这些游牧民族生产生

天似穹庐，笼盖四野（摄影／乌兰其其格）

活的鲜明特点。北朝民歌《敕勒歌》，有"天似穹庐，笼盖四野"的名句，这里的"穹庐"指的是当时游牧民族所居住的可以搬运便于拆卸的圆顶毡帐。

　　经过两千多年的历史演变，这些游牧民族的一部分，融合到黄河以北的华夏族，成为现在我国北方汉族的一部分；而另一部分游牧部落，始终保留传统的生产生活方式，最后有很大一部分融入到我国的蒙古族里。从成吉思汗建立大蒙古帝国以来，我国北疆一带的蒙古族一直保持着传统的游牧生产方式。自清康熙以来，溯西辽河、西拉木伦河而上，以"放垦"为特征的农耕化过程对科尔沁草

原和蒙古族牧民的草原游牧业造成很大冲击。在阿鲁科尔沁旗境内，由于大兴安岭山地的阻隔，草原农耕化界限止于大兴安岭南坡海拔800米界限以下地区，巴彦温都尔苏木等地由于地势较高，高山纵横全域，从而保留了大量天然优质草场。

牧场余晖（摄影／杨伟东）

　　20世纪90年代初期，大兴安岭北坡及其延伸部分，曾经属于锡林郭勒盟与赤峰市尚未划界地区，因此以家庭为单位的草原承包制度没有实行，一度普遍推广的草库伦、网围栏建设工程在这里也没有全面铺开。这就为实现季节性转场放牧（游牧）创造了有利的条

自由的马群

件，同时，冬季南迁，夏季北移的游牧传统也得以维系。到了夏季，牧户们以嘎查为组织单位统一迁徙到游牧点，牧民搭起蒙古包，让牛羊在草场上自然采食，与大自然一起绘就了一幅幅生动的游牧生活画面。

阿鲁科尔沁旗历史悠久，蒙古族文化底蕴厚重，加之保存有迁徙游牧的传统区域，因此成为内蒙古草原游牧文化的缩影和传承地区。游牧民生活方式保持了鲜明的民族特色，服饰、饮食、居住、交通、艺术、宗教信仰等蕴含了丰富的文化内涵。这些游牧文化充分体现了游牧民族的智慧，表现了游牧民热爱草原热爱家园的思想情绪。

（1）**祭祀敖包**。祭敖包是蒙古族重要的祭祀活动，是草原民族崇尚自然思想的表现形式之一。在夏季游牧点，有高格斯台罕乌拉敖包、查干温都尔敖包、甘珠尔敖包、古力格尔罕乌拉敖包、玛拉干敖包和呼斯台罕乌拉敖包等诸多敖包。进入农历五月，游牧点的牧民们开始祭祀这些敖包，一般为一旗、一个苏木独祭，也有几个苏木、几个旗联合祭祀的敖包，庆祝牧业生产喜获丰收，表达人们崇拜大自然、希望风调雨顺的愿望。

祭敖包原本是萨满教的一项图腾祭祀活动，后来喇嘛教取代萨满教后，这一祭祀活动也被喇嘛教所吸收，同时增加了喇嘛教色彩，

甘珠尔敖包（摄影／姚予龙）

马拉根达巴敖包（摄影／姚予龙）

使敖包成为喇嘛传教活动的组成部分。在佛教影响下敖包的建筑形式和开光仪式也增添了很多佛教色彩，敖包本身也由过去的单个体变成了具有多层建筑的群体，最典型的是中央敖包两边分别建有六个小敖包的十三敖包。在长期的生活中，敖包已经演化为游牧民族祭天、祭山、祭四方的神坛，也可作为路标和界标。

塔林花敖包（摄影／姚予龙）

（2）**献哈达**。哈达长短不一，以白色为主（也有蓝色和黄色的），大都采用丝绸为料（也有用绢纱或普通白布的），有的上面要绣上"八宝""云林"等民间花纹。长一尺三寸到三尺，也有的三尺以上。最长的达到九尺至一丈二尺，称"朗翠"大哈达。蒙古族人民在迎接客人、敬神祭祖、拜见尊长、婚嫁节庆、祝贺生日、远行送别、盛大庆典等重要场合，通过敬献哈达来表示自己的欢迎、尊敬、真诚、爱戴和祝愿等。

献哈达（摄影／特古斯）

（3）**特色饮食文化**。阿鲁科尔沁旗的奶食品的制作和加工很有特色。夏季在游牧点放牧的4个多月，也是牧民人家大量制作奶食品的季节。七八月份，游牧点雨水充沛，牧草长势旺、鲜嫩适口，是牛羊产奶的高产期。牧民们挤出的大量牛奶，除了用鲜奶熬制奶茶，其他大部分让牛奶自然发酵，制作各种奶食品，做成酸牛奶、奶豆腐、奶皮子、奶渣和黄油等，从而有了多种食用方法。

传统饮食　　　　　　　　　　煮全羊（摄影／姚予龙）

在长期的游牧生活中，牧民们创造和积累了丰富的肉食品加工储存技艺，主要可分为四种，分别为炖、烤、风干、自然冷冻。

炖：将绵羊剥皮后，将整只羊切成块，入锅清水煮至八九成熟，即可食用。

烤：将绵羊剥皮后，架起木火，在木火上架上铁架，把整只羊挂在架上烘烤，撒上盐末至外皮焦黄，即可食用。

风干：将牛羊剥皮剔骨剥肉，除掉肥肉、筋等，选瘦肉切成长条，加盐腌制，晾晒风干，以供春季食用。风干技艺是蒙古族最具特色的肉类加工和保存方法，风干的肉保质期长，便于携带，能量高，并且可以生食，是蒙古族游牧生活中牧民理想的干粮。

自然冷冻：进入冬季天寒地冻，气温常常达到−20℃甚至−30℃以下，牧民们宰杀牛羊后，把肉分割成块，直接放在毡房外面的大瓮（装水用的大瓷缸）中，并用洁净的雪把肉一层一层覆盖住，在瓮口盖上片石或者木板。这样既能够利用天然"冰箱"把肉冷冻起来，又能够保持冻肉不会变干。

（4）**特色生产生活用具**。在长期的生产生活实践中，阿鲁科尔沁部落的牧人们创造和积累了独具特色的草原游牧文化。在游牧生产生活基础上形成的手工制作技艺，既古老朴素，又富有实用性和技巧性。包括适应游牧生活的蒙古包、勒勒车、马鞍、蒙古刀等制作工艺始终在不断传承中，并一直在阿鲁科尔沁旗游牧民中广泛使用。

（5）**宗教礼仪**。古代蒙古族人民最早信仰萨满教。自古"长生天"（腾格里）就是蒙古族崇拜的最高对象和一切权力的来源。蒙古可汗们的诏书里，开头就写着"长生天底气力"。在《蒙古秘史》一

马鞍底座

马鞍工匠

马镫粗胚

马鞍全套

蒙古弓箭

蒙古刀

书里，有多处记载成吉思汗祭天祈福祝祷之事。在当时的人看来，可汗受命于天，婚姻、事实要得天助，死后也要走上天路。为此人人敬天畏天，而不敢做背天之事。其宗教的宇宙观，形成了萨满教，而此萨满教正是游牧文化的精神基础。在萨满教的观念中，宇宙万物、人世祸福都是由鬼神来主宰的，所以，在萨满教的自然神系统中，天地神系统占首要地位。如地神，也称地母女，掌握万物生长，要对它进行祭祀祈求丰收、保佑平安；天神（腾格里），即长生天，掌管人世间的万事万物。17世纪以后黄教（指格鲁派，是藏传佛教宗派之一）虽然传入蒙古地区，但萨满教的遗迹在蒙古人的生活中仍然保存着，主要表现在祭天、祭地和祭敖包这些祭祀活动里。

藏传佛教自公元13世纪传入蒙古地区，16世纪后期，阿勒坦汗不遗余力地推行藏传佛教。经过几百年的潜移默化，藏传佛教已经渗透到蒙古民族的价值观念、审美情趣、道德规范、思维模式、行为方式的深层结构中，积淀为一种独特的文化心理结构。

旗内庙宇众多，香火旺盛，其中，罕庙（即皇帝庙），亦称钦定戴恩寺，建于康熙十三年（公元1674年），为清朝黄教八大呼图克图庙之一，在全旗二十一座庙宇中处于统领地位。

位于阿鲁科尔沁旗罕苏木苏木的罕庙（摄影／特古斯）

阿鲁科尔沁旗罕庙祭祀（摄影／白音查干）

　　（6）**非物质文化遗产**。阿鲁科尔沁旗的"蒙古族婚礼·阿日奔苏木婚礼""蒙古族勒勒车制作技艺"和"蒙古族汗廷音乐"等三个项目已经列入国家级非物质文化遗产名录，自治区级还有13项非物质文化遗产，特别是1984年在阿鲁科尔沁旗发现的"蒙古族汗廷音乐"被誉为"文化活化石"，并成功抢救复原演奏。

蒙古族汗廷音乐（摄影／特古斯）

（二）传统游牧系统面临的威胁

阿鲁科尔沁草原游牧系统目前面临着一系列现实冲击，其生存环境和空间受到挤压，可以选择的放牧草场大大缩减；传统的知识体系被现代畜牧业技术替代，畜牧业生产方式明显在改变；年轻一代追求现代生活方式而较少从事游牧生产，导致游牧者年龄逐渐老化，传统知识传承难以为继；当代人交通、通信、教育、饮食、居住、社交等与游牧时期完全不同，导致生活方式明显改变，传统习俗、宗教、语言、文化等的传承和发展受到冲击；对游牧畜牧业发展的投入不足，牲畜产品在市场竞争中缺乏规模和品牌优势。

（1）**游牧草原生态环境局部地区持续退化。**长期以来，由于对森林、草原资源的不合理开发利用，在超载过牧、历史上乱砍滥伐、陡坡开荒等人类活动的影响下，再加上山洪、虫灾、旱灾等自然原因，游牧地区的草地生态环境脆弱，水土流失依然严重，草场生产力难以保持，直接威胁草原畜牧业的可持续发展。

（2）**游牧环境受到多种利益相关因素的影响。** 大面积农业开垦、林业用地的开发，使水草丰美的草原不可避免地受到破坏；植被状况较好的放牧场和山林则变成了自然保护区；同时大量风能电站、矿山开采、大型商业化农牧场的建设也在侵占着游牧区域，使可利用的草原面积不断减少，游牧迁移受到了较大限制，甚至切断了季节性迁移的必经之路。有些地方全年圈养的牲畜，也转移到游牧区域放牧，与游牧民争夺放牧场，使游牧草场承载了过多的牲畜，加重了游牧区草场的压力，甚至引起草场退化。

土地侵蚀严重（摄影／王正兴）

车辆碾压导致草地大面积裸露（摄影／姚予龙）

塔林花牧区竖立了大量风力电塔（摄影／姚予龙）

露天煤矿紧邻雅图特牧区（摄影／姚予龙）

塔林花游牧区建设风力发电项目，在草原上修建工程道路，在山头平整土地竖立风电塔，占用和毁掉了大量草场，造成了植被破坏、生物量损失、水土流失等问题。

塔林花草场和乌兰浩特草场外围一线与霍林河露天煤矿开采区仅一条公路相隔，稍远还有露天煤矿的坑口电站，矿业开采破坏了草原景观，产生粉尘，造成了空气污染。

（3）**现代生计方式和传统游牧文明的传承出现冲突。**目前广大牧民已经实现永久性定居，生存条件得到明显改善，相当一部分放牧者转为农牧兼业甚至多业，牧业生产从放牧型转为舍饲和半舍饲型，生计方式多样化。牧民的服饰选择、饮食结构、居住条件、交通状况等与定居之前相比都有了显著变化。骑马放牧多数变为骑摩托车，勒勒车运输变为拖拉机或汽车，甚至牛羊通过汽车、拖拉机直接运到放牧点，而不是通过沿途迁徙的方式抵达。因此，游牧生活方式所包含的游牧文化，包括语言习惯、说唱传说、服饰、节庆、婚礼或者祭祀活动等习俗可能会逐渐被淡忘甚至消失。

（4）**游牧畜牧业投入不足，产品的价值没有得到充分体现。**游牧区域投入的资金不足，长期处于被忽视的状态。畜牧业投资分配上，主要倾向于城郊、农区和规模饲养业。人们较少意识到游牧对草地生

牧民的交通运输工具（摄影／特古斯）

夏季山洪裹挟泥沙覆盖道路（摄影／姚予龙）

态系统的重要性，草地生物多样性的保护也得不到重视，为游牧畜牧业服务的设施和生产技术没有完善，游牧民的饮水、医疗、通信、交通、牲畜改良和疫病防治等方面还存在一定困难。游牧畜牧业牲畜靠天然草原放牧，天然草原植物种类多样，营养丰富，畜产品味道鲜美，属于绿色食品。但是游牧业畜产品在市场上还没有竞争能力，品牌价值难以得到体现，高成本得不到相应的价格回报。

（三）传统游牧系统的发展机遇

阿鲁科尔沁草原游牧系统的可持续发展虽然面临着各种现实压力，但是同样也获得了各种难得的传承和发展机遇。如国内外越来越重视对传统农牧业体系的发掘和保护，我国乡村振兴战略为农牧区的重整和发展提供了各种优越条件，消费市场更追求天然、生态、安全的肉奶产品，地方政府对农业文化遗产地的保护和建设极其重视等。

（1）**重要农业文化遗产保护在国内外日益得到政府重视。**自2002年联合国粮农组织（FAO）发起了全球重要农业文化遗产（GIAHS）保护项目以来，农业文化遗产的多功能价值以及品牌已经得到国际社会的广泛认可，亚洲、欧洲、非洲、美洲不少国家都设立了GIAHS机构。在我国，农业文化遗产发掘与保护工作多次被写入中央一号文件和国家产业发展规划当中，农业农村部发布了《重要农业文化遗产管理办法》。政府的政策支持为中国珍贵的农业文化遗产的保护与发展提供了宝贵机遇和广阔平台。

（2）**中国乡村振兴战略对全球重要农业文化遗产的保护与发展创造了政策机遇。**中国共产党十九大报告提出了实施乡村振兴战略，把农业农村工作放到优先位置。农村一二三产业融合发展政策和中国乡村振兴战略中多项条款与农业文化遗产保护与发展的关系密切、目标一致，这为全球重要农业文化遗产的保护与发展创造了空前的政策环境和发展机遇。

（3）**食品安全受到空前关注**。近些年来，消费者对食品安全问题空前关注，绿色安全食品备受青睐，绿色食品的市场销售价量齐升。阿鲁科尔沁旗的畜群在无污染草原上放牧采食，天然草原植物种类丰富，营养全面，牲畜的生长完全处于自然状态，生产的畜产品品质和安全得到保证。阿鲁科尔沁旗的游牧畜产品具有广阔市场前景。

（4）**地方政府高度重视生态建设和农业文化遗产保护**。阿鲁科尔沁旗委旗政府把草原生态建设列为全旗重点工作，实施大范围沙地综合治理工程，对天然草原进行科学合理的保护与建设。严格落实草畜平衡政策，扎实推进畜牧业结构调整，肉牛和绵羊比例增长，为延续传统游牧畜牧业创造了条件。同时，对农业文化遗产保护十分重视。近几年，根据专家的意见，多次组织研讨会、学术交流会，组织人力深入研究游牧畜牧业的发展和保护问题，成立专门机构全力保护这一珍贵古老的文化遗产，并积极申报全球重要文化遗产。

（5）**围绕草原游牧系统的旅游开发潜力较大**。内蒙古游牧民族所特有的文化资源、游牧区特有的自然景观承载了人们向往自然、回归自然的情结，成为不可替代的旅游资源。随着具有阿鲁科尔沁草原游牧系统特色的民族习俗、历史典故、神话传说、民间艺术、舞蹈戏曲、服饰饮食等文化资源进一步的挖掘和整理，游牧文化和旅游有机结合，提升了旅游品位，改善了游牧民生计策略。让游牧系统的文化内涵，伴随时代文明与进步，走向全国，走向世界。

（四）传统游牧系统的可持续发展

内蒙古阿鲁科尔沁草原游牧系统体现了和谐共处的生产、生活方式，不仅保持了古老的游牧文明，也保护了自然和生态环境。该系统不断保持和发展着蒙古族这一马背民族所独有的生产方式、生活习俗、文化特质和宗教信仰，时刻体现着深藏在蒙古族人民血脉之中的崇尚天意、敬畏自然、天人合一的生活理念。这种理念在当今社会愈显其合理和珍贵，面对系统内外的各种影响，必须创造一切条件，保护游牧系统栖息地、保护游牧系统的文化精髓，使其随着社会的进步而不断传承和发展。

（1）积极申报"重要农业文化遗产"。 2013年上半年，阿鲁科尔沁旗启动了"中国重要农业文化遗产——内蒙古阿鲁科尔沁草原游牧系统"申报工作，2014年6月，该系统被农业部正式批准为第二批中国重要农业文化遗产，从而成为我国首个以"草原游牧系统"为特征的重要农业文化遗产地。2017年8月，正式启动申报全球重要农业文化遗产工作，并于2022年5月20日被联合国粮农组织（FAO）正式认定为全球重要农业文化遗产（GIAHS）。

从启动申报工作到获得国家批准，又历经8年获得联合国粮农组织认定，阿鲁科尔沁旗党委和旗人民政府及其有关单位和部门，十分重视对重要农业文化遗产地的保护工作，在遗产地核心区和辐射区严格遵守和执行《内蒙古阿鲁科尔沁草原游牧系统保护与发展规划》，出台了《阿鲁科尔沁草原游牧系统保护暂行办法》等一系列政策性文件，进一步规范了游牧区的保护与管理。

（2）建立健全管理机制。 2013年在积极申报中国重要农业文化遗产地的同时，成立了由旗委书记、旗长任组长的全球重要农业文化遗产地申报工作领导小组，加强游牧系统申遗工作领导和组织协调。2017年成立了阿鲁科尔沁草原游牧系统管理委员会，统筹负责阿鲁科尔沁草原游牧系统申遗工作。还成立了阿鲁科尔沁旗游牧文化生态保护研究会，进一步加强了行业管理和服务。

（3）**加强对核心区的保护和建设。**近年来旗委旗政府深入实施"生态立旗"发展战略，提出了北部罕山水源涵养林区、中西部水土保持生态建设区、东南部防沙治沙区"三个区域"和"六个百万亩工程"的生态建设布局。通过近几年的严加保护和规模治理，全旗土地、草牧场沙化趋势得到有效遏制，区域生态屏障基本建成，原生态游牧区这一游牧民族赖以生存的区域得到较好的保护。

（4）**强化对遗产地的宣传。**近年来，中央以及自治区等各级各类媒体的大力宣传阿鲁科尔沁草原游牧系统，收到了很好的宣传效果。

中央电视台纪录片拍摄并成功播映。2017年8月21日，六集大型纪录片《阿鲁科尔沁的纯净》在中央电视台综合频道的《中华民族》栏目播出，六集分别为：《守望》《迁徙》《美食》《婚礼》《心曲》《传承》，向人们完整展示了阿鲁科尔沁草原的纯净壮美，表达了"崇尚自然、践行开放、恪守信誉"的草原文化核心理念，展示了蒙古族人民"传承祖训，敬天爱人，守望家园，与自然和谐共生"的精神风貌，得到农牧民群众和国内外专家的一致认可，大大提高了阿鲁科尔沁草原游牧系统的知名度。

编排大型歌舞剧表演。2014年列为国家级非物质文化遗产的"蒙古族汗廷音乐"成功复原传承，已经累计演出400余场。2017年，以原生态游牧文化为主题创作的歌舞剧《阿鲁科尔沁之韵》编排完成，在自治区第七届乌兰牧骑艺术节上获得银奖，已累计演出上百场。

积极联系平面媒体等进行宣传报道。通过中央及地方各种新闻媒体（人民日报、科技日报、农民日报、中国科学报、中国农业年鉴、内蒙古日报等）进行宣传，并设立广告标识牌等全方位宣传。

《守望》

《迁徙》

《美食》

《婚礼》

《心曲》

《传承》

通过互联网进行全面宣传，积极扩大知名度。截至2023年1月，"内蒙古阿鲁科尔沁草原游牧系统"在百度词条中的相关检索内容已多达888 000个。

　　（5）积极支持依托遗产地的学术研究、文化交流等活动。2015年在阿鲁科尔沁旗隆重召开了蒙古族游牧文化与生态文明国际学术研讨会。2018年7月，阿鲁科尔沁旗成功承办了第五届全国农业文化遗产学术研讨会。这些活动的开展，全面展示了游牧系统的精神内涵，大大提高了草原游牧系统的知名度。据不完全统计，自2014年，内蒙古阿鲁科尔沁草原游牧系统成功申报中国重要农业文化遗产后，

乌兰牧骑（摄影／张国明）

驰骋草原（摄影／张国明）

天人合一（摄影／张国明）

草原牧歌（摄影／张国明）

围绕遗产地进行的历史探索、文化发掘、人口变化、生态保护、生物资源调查等方面研究不断涌现，与"阿鲁科尔沁草原游牧系统"相关的博士、硕士论文和学术期刊论文等已超过50篇。

（6）**积极拓展产业空间增加游牧民的收益**。阿鲁科尔沁旗委旗政府提出了"五大基地、一个平台"的发展目标。围绕建设"绿色农畜产品生产加工输出基地"，利用游牧区核心区纯净无污染的有利条件，建设优质肉牛羊天然养殖基地，建立畜产品可追溯体系，全力培育"阿鲁科尔沁牛肉""阿鲁科尔沁羊肉"地标品牌，丰富"天然、绿色、安全"特质，打造草原游牧系统生态产品。围绕建设"蒙古族游牧文化特色旅游休闲度假基地"，引进实力企业，科学合理进行旅游规划和开发建设，促进一二三产融合发展。

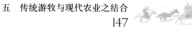

（7）**加快游牧基础设施建设**。坚持整体规划、适度超前、突出重点的原则，把基础设施建设作为推动游牧业系统保护与发展的重要要素。从改善民生、资源保护与开发、产业建设的实际需要出发，统筹发展交通、通信、能源、医疗、水利等基础设施，加快实施一批基础设施建设项目，形成功能配套、绿色环保、安全高效的现代化基础设施体系，为推动蒙古族游牧系统保护与发展提供有力支撑。

附录

附录1　大事记

新石器时代

阿鲁科尔沁旗域内的人类活动，可以追溯到红山文化时期，在扎嘎斯台镇、赛罕塔拉苏木、巴拉奇如德苏木、乌兰哈达乡、坤都镇、罕苏木苏木等地先后发现新石器时代人类居住的遗址，出土了石斧、玉佩、玉龟、石磙等文物。

上周至秦汉时期

阿鲁科尔沁旗为东胡族活动地区之一。

汉至晋朝时期

阿鲁科尔沁旗为乌桓族发祥地，后被鲜卑族所居。

隋唐时期

阿鲁科尔沁旗为契丹族游牧地。

辽代

阿鲁科尔沁旗为上京道乌州地。为耶律羽之家族分封地。

金朝时期

阿鲁科尔沁旗为大定府北境，又为泰州属北京路。

元朝时期

阿鲁科尔沁旗为辽王封地，初为辽阳行中省泰宁府，后升为路，改隶中书省领泰宁路。

明朝时期

阿鲁科尔沁旗初为兀良哈地泰宁卫领辖。

明仁宗洪熙元年（公元1425年），游牧于额尔古纳河和海拉尔河流域的科尔沁部被卫拉特蒙古所破，其一支南迁，奔于嫩江流域；一支仍留居于呼伦贝尔、海拉尔河地区。因同族有嫩科尔沁，所以号所部为阿鲁科尔沁，意为"北方弓箭手"以区别。

明嘉靖二十六年（公元1547年），达延汗曾孙达赉逊库登汗位，率数部东移至潢水（西拉木伦河）流域。阿鲁科尔沁部昆都伦岱青率部随迁至兀良哈三卫地，择兴安岭以南、西拉木伦河北岸而居，号为阿鲁科尔沁之地，服属"北元"察哈尔部。

后金天聪四年（公元1630年），阿鲁科尔沁部达赉及其子穆彰叛离察哈尔部林丹汗，率部归顺后金。

后金天聪六年（公元1632年）四月，皇太极征服察哈尔部大军至西拉木伦河驻营，与林丹汗部交战，追击林丹汗越兴安岭。

后金天聪八年（公元1634年）十月，皇太极为已归顺的蒙古诸部落划分牧地。从此，阿鲁科尔沁有了固定的驻地和明确的境域。

清朝时期

清崇德元年（公元1636年），皇太极继皇位，将阿鲁科尔沁并两旗为一旗，以穆彰领之。

清康熙三十六年（公元1697年），康熙出巡阿鲁科尔沁，见"水草甚佳，而生计窘迫，盖因牲畜被盗，不敢夜牧耳"，康熙即派郎中李学圣等前往治理，盗窃衰止。

清光绪三十三年（公元1907年），阿鲁科尔沁旗及东西扎鲁特三旗蒙荒勘丈完毕，可耕之地达八千余顷。

民国时期

民国十年（公元1921年），热河都统决定在阿鲁科尔沁旗放垦荒地一万零八百顷①。

民国十九年（公元1930年），1 000名布利亚特蒙古兵进入阿鲁科尔沁旗骚扰。

---

① 一顷为100亩，1亩≈667平方米。——编者注

民国二十二年（1933年），日军占领阿鲁科尔沁旗。

民国三十四年（1945年），苏联红军经台日黑大坝解放阿鲁科尔沁旗。

中华人民共和国成立后

1949年，第一届阿鲁科尔沁旗各界人民代表会议在查布干庙街召开。

1962年，罕山林场、老头山、白城子林场等林区划为本旗禁猎区。鹌鹑、沙半鸡、野鸡、野兔、黄鼠狼、狐狸、狍子、黄羊、獾子、野猪、马鹿、青羊列入禁猎范围。

1969年8月，昭乌达盟划归辽宁省，阿鲁科尔沁旗一并归属辽宁省领导。

1979年7月，经国务院批准，昭乌达盟划归内蒙古自治区管辖，阿鲁科尔沁旗随之划归内蒙古自治区管辖，旗革命委员会改为人民政府。

1993年，辽代皇族耶律羽之墓发掘被列入"1992年度中国十大考古新发现"之一，名列第九位。

1995年，阿鲁科尔沁旗与西乌珠穆沁旗在查干温都尔、塔林花、乌兰哈达一线发生边界纠纷，后取得共识并签订协议书。

2013年上半年，阿鲁科尔沁旗启动了"中国重要农业文化遗产——内蒙古阿鲁科尔沁草原游牧系统"申报工作。

2014年，"内蒙古阿鲁科尔沁草原游牧系统"被农业部正式批准为第二批中国重要农业文化遗产。这是我国首个以"草原游牧系统"为特征的重要农业文化遗产。

被誉为"文化活化石"的"蒙古族汗廷音乐"成功复原，被列为国家级非物质文化遗产，并开始连续演出。

2015年，蒙古族游牧文化与生态文明国际学术研讨会在阿鲁科尔沁旗隆重召开。

2016年，"重返汗廷"——北京海淀与内蒙古阿鲁科尔沁旗两地学生交流活动在阿鲁科尔沁旗罕乌拉小学举办。

2017年，蒙古族歌舞诗《阿鲁科尔沁之韵》在阿鲁科尔沁旗会展中心举行首场演出。大型纪录片《阿鲁科尔沁的纯净》，在中央电视台综合频道《中华民族》栏目首播。

2017年8月，正式启动申报全球重要农业文化遗产工作。

2018年，第五届全国农业文化遗产学术研讨会在阿鲁科尔沁旗召开。阿鲁科尔沁旗蒙古汗廷文化园举行开园仪式。

2019年6月12日确定将"内蒙古阿鲁科尔沁草原游牧系统"列入第二批中国全球重要农业文化遗产预备名单。

2022年5月20日"内蒙古阿鲁科尔沁草原游牧系统"被联合国粮农组织（FAO）正式认定为全球重要农业文化遗产（GIAHS）。

附录2　　　旅游资讯

（一）核心旅游景点

1. 巴彦温都尔苏木传统蒙古族游牧草场

阿鲁科尔沁旗所在地自古以来保持着传统游牧生产生活方式和特定的游牧文化，是草原民族世代生息、繁衍的区域。从最早的匈奴、乌桓直至鲜卑、契丹、蒙古、后金，该区域都是草原民族重要的游牧及迁徙地。至今，传统游牧文化在巴彦温都尔苏木境内及罕山周边地区得以延续传承，该区域现有的23个嘎查内生活着近1500户牧户，他们的信仰、起居、服饰、节事、饮食、放牧等仍保留着

内蒙古阿鲁科尔沁草原游牧系统核心区位于巴彦温都尔苏木（摄影／特古斯）

基本传统。这里的牧民依然保持着"逐水草而居"的传统游牧习惯，根据季节变化、雨水丰歉和草场长势安排游牧线路和一年四季放牧时间，形成了牧民—牲畜—草原（河流）之间相互依存的关系，是全国唯一一处保留完好的原生态草原游牧区。

在长期的游牧生产实践中，游牧民创造了极富特色的游牧文化。出场和回场的牧民人家最近路程四五十公里，最远一百四五十公里，日行夜息，风餐露宿，形成了出场和回场的壮观场面；牧民逐草而牧，挤来的牛奶，除了熬制奶茶，还把牛奶自然发酵后，制作各种奶食品；进入阴历五月，游牧点的牧民们开始祭祀敖包，举办传统的"好汉三艺"那达慕大会，这种从生产实践中产生的民族文化通过这种方式得到了传承。

古老的蒙古族习俗沿袭了保护自然环境的生态文化传统，在当地民间祭山、祭水、祭树、祭敖包的宗教活动十分普遍，被祭祀的山禁止围猎、砍伐，被祭祀的树命名为"神树"，被严格保护。"草

草原游牧（摄影／包金锁）

原那达慕""祭敖包""阿鲁科尔沁部落婚礼""阿鲁科尔沁民歌"等传统体育和节庆活动都能让游客领略蒙古族人民勤劳、勇敢、热情、豪放的民族气质。2013年传统游牧旅游文化保护区项目已成为阿鲁科尔沁旗文化旅游业发展的重点项目之一。

2014年5月，根据《农业部办公厅关于继续开展中国重要农业文化遗产发掘工作的通知》，以巴彦温都尔苏木及其所属放牧草场为核心的"内蒙古阿鲁科尔沁草原游牧系统"正式列入第二批中国重要农业文化遗产名录。2022年5月30日被联合国粮农组织（FAO）正式认定为全球重要农业文化遗产（GIAHS）。

2. 蒙古族林丹汗宫廷音乐

阿鲁科尔沁旗历史悠久，文化灿烂，被国内外学界公认为研究汗国都城查干浩特及汗廷音乐的重要基地。根据史料记载及学术界专家学者的详细研究和充分论证，盛行于蒙元时期的《林丹汗宫廷音乐》，是目前所知的较为完整的蒙古族汗廷音乐资料，被收藏在清宫史料中距今已300多年，具有重要的研究、保护、开发、利用价值。蒙古汗廷乐队始建于元太祖元年，盛行于蒙元时期，是专门在蒙古金帐殿前表演的乐队，供可汗继位、诸王或外国来朝、册封皇后，皇太子、众臣封尊号，以及郊庙礼成、众臣朝贺、大飨宗亲等场面演出。蒙古族汗廷音乐的乐声雄伟宏大，乐曲有可汗颂、朝廷赞、宗教礼仪、民间谚语和哲理训谕等内容。由乐声、乐曲和舞蹈三部分组成，有80多个曲目，共需要胡笳、胡琴、三弦、蒙古筝、火不思等18件乐器进行演奏，其舞蹈具有刚劲、强悍、威猛之势和轻柔、幽美、典雅之风。其中《茄吹乐章》是对可汗的颂赞、对朝廷的歌赞；《番部合奏》是在蒙古封建统治者的宴会、庆典和礼仪活动上进行演奏的艺术水准较高的器乐曲；而舞蹈则包括"武舞"和

汗廷音乐古本（摄影／白音查干）　　　　汗廷音乐古本（摄影／白音查干）

"文舞"，具有刚劲、强悍、威猛之势和轻柔、幽美、典雅之风。

蒙古族最后一代大汗林丹汗的都城就是现在阿鲁科尔沁旗境内的查干浩特古城，天聪九年（公元1635），林丹汗王朝灭亡。300多年后，一部记载蒙古族汗廷音乐的文本资料再次在这里被发现。经过学者呕心沥血的研究、整理、设计，并通过精心策划和排练，完成了乐器的复制、乐谱的配器、服装的设计、乐队的排练、舞蹈的编排、舞台的布景、演员的筛选等一系列工作，21世纪初，一场视听盛宴终于在呼和浩特上演，失传已久的蒙古族汗廷音乐终于得以恢复其原貌。

汗廷乐舞（摄影／杨伟东）

　　2011年8月，《蒙古族林丹汗宫廷音乐》被列入内蒙古自治区第三批非物质文化遗产名录。2014年7月，《蒙古族林丹汗宫廷音乐》更名为《蒙古族汗廷音乐》，被列入第四批国家级非物质文化遗产名录。

汗廷乐舞（摄影／白音查干）

汗廷乐舞（摄影／杨伟东）

厚重的历史画卷，总会让人无数次想踏入广袤草原，穿越时空，一览当年英雄驰骋沙场、金戈铁马的豪迈与激情。然而，时光如水，长河漫漫，一切早已樯橹灰飞烟灭，寻访古人的踪迹，唯有那震撼人心的天籁乐章，能够让您重新感受蒙古民族一统大下、建功立业的霸气与豪迈。

3. 高格斯台罕乌拉国家级自然保护区（罕山国家级自然保护区）

"高格斯台罕乌拉"，意为"生长野韭菜的雄伟之山"。它坐落于阿鲁科尔沁旗巴彦温都苏木北部，距旗政府所在地天山镇165公里，总面积10.6万公顷，它像一条巨龙从遥远的大兴安岭连绵千里伸展到阿鲁科尔沁旗域内，是阿鲁科尔沁旗的水源地和绿色"后花园"。高格斯台罕乌拉自然保护区于1999年开始筹建，同年晋升为市级自然保护区，2001年12月被批准为自治区级自然保护区，2010年被批准为国家级自然保护区。

云遮雾绕的罕山山脉（摄影／杨伟东）

　　罕山地貌以中山丘陵为主，由众多高大的山峰组成，主要由高格斯台罕乌拉山、呼斯台罕山、查干温都罕山、乌兰罕山、巴岱罕山等组成，海拔900米以上。其中高格斯台罕乌拉山海拔1 531米，山势高大雄伟，顶部平坦，植物低矮；罕山最高峰巴岱敖瑞峰海拔1 545米。它是一个以过渡带森林、草原、湿地、沙地等多样的生态系统和珍稀濒危野生动植物为主要保护对象的综合性自然保护区。

　　保护区内保留了较为完整的森林、草原、湿地和沙地生态系统，有阔叶林、灌丛和半灌丛草原、草甸和沼泽等5个植被型组、7个植被型、15个植被亚型、20个群系组、32个群系，以及种类繁多的野生动植物，具有生物多样性的特征。保护区是保护我国重要的生物资源基因库，同时对阻挡蒙古高原风沙向南侵袭具有重要的生态屏障作用。保护区主要保护对象的典型性、稀有性、濒危性和代表性较强，在保护生物多样性资源、维持生态系统良性循环等方面具有重要作用。

罕山秋色（摄影／白音查干）

4．蒙古族勒勒车制作技艺（国家级非物质文化遗产）

勒勒车曾经是阿鲁科尔沁旗最有效的交通工具，为当地蒙古族人民的生产和生活做出了历史性的贡献。勒勒车由车架子、车轮和轴鞍构成，多采用桦木和榆木等质地坚硬的木材。车架子由两根辕木、九根横撑、八根竖撑和两根车厢盖组成。车轮部分，由一根轴、两个车毂、三十六根车辐条和十二根车辋构成。勒勒车有两个轴鞍，连接车架子和车轮。制作勒勒车只需用到锛子、斧子、凿子和锯等简单的木工工具，技术工艺简单易学。在勒勒车看似简单的制作的技艺里，蕴涵着许多科学道理，体现了蒙古族劳动人民的聪明才智。"勒勒车制作技艺"于2007年6月被列入内蒙古自治区第一批非物质文化遗产名录。2008年6月，又被列入国家级非物质文化遗产名录。

5．蒙古族婚礼·阿日奔苏木婚礼（国家级非物质文化遗产）

蒙古族婚礼·阿日奔苏木婚礼，是阿鲁科尔沁旗阿日奔苏木地区的蒙古族传统婚俗。在蒙古族游牧生产生活方式上形成的这种婚俗，具有浓浓的草原民族风情，反映了蒙古族人民诚实豪放的性格和多彩多姿的生活场面。婚礼以一对青年男女的婚礼仪式作为主线，是一个结构严谨的戏剧化的场景。在这里，蒙古族人民的世界观、价值观和人生观得到了充分体现。在婚礼过程中所使用的祝赞词，是蒙古族口头文学的精品。婚礼中的蒙古包、乘马、勒勒车、蒙古族服装、蒙古族奶食品和肉食品，以及蒙古族长调歌曲等，表现了草原特有的文化。"蒙古族婚礼·阿日奔苏木婚礼"于2007年6月被列入内蒙古自治区第一批非物质文化遗产名录。2008年6月，又被列入国家级非物质文化遗产名录。

6. 查干浩特古城遗址

查干浩特古城遗址位于阿鲁科尔沁旗北部，坐落在罕苏木苏木境内，距旗政府驻地天山镇100公里，地理坐标东经119°46′15.4″、北纬44°30′10.5″，早在13世纪初期，蒙古民族就游牧于此处，因为习惯于用白色作为吉祥如意象征，所以把这座历史古城称之为查干浩特，查干浩特系蒙古语，意为"白色城"。

该遗址由东白城、白城、西白城、阿巴嘎山祭祀址及白城附近村落遗址等几部分组成，总面积690 000平方米，古城分内外两重，

查干浩特古城遗址全景（摄影／姚予龙）

古城遗址颓垣（摄影／姚予龙）

呈回字形布局，并利用棋盘山作为天然屏障，在两座山峰之间的山坳处采用夯筑城墙，中心辟有宽10米的白城南门。白城的内城位于外城的中部，城墙高大规整，防御设施完备。城墙遗址为正方形，边长255米，保存完整。内城建筑以宫殿为主。中央宫殿位于城市的中轴线上，四周环以7座配殿，形成众星拱月式的格局。在白城外城和内城共发现24块不同形状和规格的柱础石，全部采用白色花岗岩制造，柱础正面和立面均经过磨刻或凿刻处理，城中出土绿色、黄色琉璃龙鳞纹残砖、绿釉

简瓦、高足杯、银锭等一批重要文物，充分显示出其主人的权位之高。查干浩特古城址已于2006年6月被国务院公布为第六批全国重点文物保护单位。

7. 宝善寺（巴拉奇如德庙）

宝善寺俗称巴拉如奇如德庙，位于巴拉奇如德苏木达兰花嘎查。宝善寺始建于清顺治八年（公元1651年）至康熙二十八年（公元1689年），由清顺治帝曾外孙札萨克多罗郡王巴图出资所建，曾是阿鲁科尔沁旗建筑年代较早、寺院面积最大、喇嘛最多、庙产最丰的寺庙。建有弥勒佛殿、护法殿、天王殿、大经堂、骑羊护法殿、密咒殿、哲理殿、嘛呢殿等共8座大殿，一处活佛府（葛根庙），6个接待处，120多间喇嘛住房，占地10.5万平方米。

现存的萨布腾拉哈木宫、苏古沁独宫、两座大殿和一座葛根正殿，是阿鲁科尔沁旗寺庙中建筑面积最大，保存最完好的。寺内主要建筑物坐落在中轴线上，逐级而上，层次合理，其余建筑分为两侧两厢，相互对称。前有花墙横栏，中间有甬道相连，后殿坐北朝南。房高脊灰瓦，长檐明柱，采用藏、汉结合式建筑样式。整个建

巴拉奇如德庙正门（摄影／白音查干）

巴拉奇如德庙（摄影／白音查干）

筑设有科学排水系统，结构合理。2006年6月被国务院公布为第六批全国重点文物保护单位。

8. 根丕庙

根丕庙亦称"拉西根丕庙"，汉名"广佑寺"，位于阿鲁科尔沁旗北部、罕苏木苏木域内，距旗人民政府所在地天山镇120公里。根丕庙建于明嘉靖九年（公元1804年），因其三面环山，腹临平川，北有根丕山（也叫敖包图山），故而得名。1930年，九世班禅额尔德尼却吉尼玛驾临根丕庙并传经，从此这里名声大振，香火日旺。

根丕庙几经沧桑，历经历史浮沉。中华人民共和国成立后，1962年维修大经堂；1966年被拆毁，喇嘛全部还俗；1981年重修嘛呢经殿，恢复佛事活动；1985年，在旗人民政府的关怀下，云增五世活佛扎木彦带领部分信徒重建主殿，宗教活动日益活跃。寺里现有喇

根丕庙（摄影／杨伟东）

根丕庙远景（摄影／白音查干）　　　　　　　　　根丕庙近景（摄影／白音查干）

嘛40多人，现寺园占地面积42亩。近年来，翻建了天王殿，重建了二十一度母塔，新建了活佛殿及云增二世佛塔等。2010年9月中旬大雄宝殿竣工落成，建筑面积848 平方米，纯木双层结构，皇家宫殿建筑风格，由70个顶柱组成，青砖砌筑，琉璃瓦覆顶，雄伟壮观；宝顶高2.8米，金光灿烂；殿内中央塑造释迦牟尼佛像，两侧供养宗喀巴、强巴佛像及八大菩萨像。

根丕庙的建筑风格、结构、绘画艺术、雕塑工艺不论在历史传统上、民族格局上和自然环境上都有相当的代表性，对研究清代庙宇建筑及喇嘛教在本地区传播和发展，以及对全旗社会、政治、经济、文化诸方面的影响具有重要的史料价值。

9. 罕庙

罕庙亦称钦定戴恩寺，建于清康熙十三年（公元1674年），为清朝黄教八大呼图克图庙之一，故称罕庙，即皇帝庙。康熙十三年（公元1674年），康熙皇帝微服私访曾居留本庙。建庙已有300多年历史，佛教文化内涵丰富。

戴恩寺在"文革"中遭到了毁灭性破坏，现有一座寺院和两座宫殿均为后来维修、重建。寺院由南向北渐高，为三进院。主体建筑坐落在中轴线上，逐级而上，层层有致，其他建筑分列两厢，相互对称。天王殿建筑风格古朴典雅，基本保持原貌；过天王殿为大经堂，属汉藏结合式建筑；大经堂后是大雄宝殿。罕庙的天王殿和大经堂为原建筑，在"文革"中，因当做供销社的门市部和库房，未被破坏。在大庙后院，建造了承德普宁寺首席喇嘛——原罕庙哈玛尔沙毕楞的活佛宫和蒙古包。2004年，铸造了一口大钟。罕庙现住持喇嘛又主持修建了一座长寿宝塔。如今，罕庙的主体建筑基本恢复了原貌，葛根仓、哈木尔拉希楞宫均修缮一新，住寺喇嘛30多人，参与佛事活动人员较多，香火旺盛。

罕庙（摄影／姚予龙）　　　　　　罕庙（摄影／白音查干）

10. 耶律羽之家族墓群

耶律羽之及其家族在辽王朝具有极其显赫的地位，耶律羽之与辽太祖耶律阿保机是堂兄弟关系，其长兄耶律曷鲁为耶律阿保机创立帝业立下了汗马功劳，是辽太祖的主要谋士重臣。耶律羽之曾任东丹国左相，权倾一时，深得辽太祖赏识。

耶律羽之家族墓群位于罕苏木苏木古日班呼硕嘎查的朝格图山南麓，是一座规模宏大的辽代前期墓葬。墓群墓地有3级祭殿墓址，7座不同历史时期的墓葬，是一座规模宏大的辽代前期墓葬。其墓室建造之豪华，结构精细考究，犹如地下宫殿。耶律羽之葬于墓地西南，地位同家族的其他人比起来更加显赫。尤其墓室主室地面用琉

辽耶律羽之墓彩绘石门（摄影／白音查干）　　辽耶律羽之墓鎏金木雕坐
　　　　　　　　　　　　　　　　　　　　狮（摄影／白音查干）

璃砖砌成，地面铺以四凤纹琉璃砖，整个墓室富丽堂皇，四壁溢彩，
其豪华程度在某些方面超过皇陵，这在以往发现的辽墓中尚无先例，
堪称一绝。

　　该墓群于1992年7月开始发掘，为中华人民共和国成立以来辽
代考古的重大发现，被评为"1992年中国十大考古新发现"之一，
2001年被列为第五批全国重点文物保护单位。

11. 阿鲁科尔沁国家级自然保护区

　　阿鲁科尔沁国家级自然保护区地处大兴安岭南部山地山前台地
和山间河谷地带，位于科尔沁沙地北部，阿鲁科尔沁旗东部，距旗
政府所在地天山镇60公里。保护区北部与西部地跨扎嘎斯台镇、赛
罕塔拉苏木、坤都镇、罕苏木4个苏木镇，南与该旗道德镇接壤，东
与通辽市扎鲁特旗毗邻。国家级自然保护区地处大兴安岭南部，总
面积137 298公顷，是一个以保护沙地草原、林地、河流、湖泊、沼
泽型湿地等多样的生态系统及珍稀鸟类为主的综合性自然保护区。

　　由于该保护区境内水源丰富，湿地众多，分布有多样的生态系
统和丰富的物种资源，使之成为科尔沁沙地北部的天然生态屏障，

沙坝湿地（摄影／白音查干）

达拉哈湿地（摄影／杨伟东）

是科尔沁沙地重要的水源涵养、防洪调蓄和水源供给区域，是鸟类南北迁徙的重要通道和驿站，同时也是众多珍稀鸟类的重要繁殖区，更是环境演化的敏感区域，自然保护区对科尔沁沙地的气候调节、生态平衡和植被恢复都具有十分重要的意义，保护对象具有重要的国家级保护价值。

哈日朝鲁湿地（摄影／杨伟东）

湿地小野鸭（摄影／李国有）

12. 主要地名出处及含义解释（见表附-1）

表附-1　阿鲁科尔沁旗游牧区主要嘎查、山峰、河流名称的出处与含义

苏木	地图名称	出处、含义简述
巴彦温都尔苏木	吉布图嘎查	有铁锈的地方。嘎查是村子的意思
	阿木斯尔嘎查	因位于吉布图河口而取名。意为"河口"
	毛浩尔嘎查	因坐落于一条山沟的尽头，故名。意为"尽头"
	包日浩特嘎查	因坐落于辽代古城包日浩特遗址附近，故名。意为"紫色城"
	查干敖包嘎查	因坐落于查干敖包山附近，故名。意为"白色山包"
	阿拉坦温都尔嘎查	因村北的一座山名而取名。意为"有金的高处"
	德布勒嘎查	因坐落于德布勒水草甸子附近而命名。意为"水草甸子"
	拉嘎赛花嘎查	因坐落于拉嘎赛花山包附近，故名。意为"短粗的山包"
	那杰嘎查	因坐落于那杰山附近，故名。意为"沙半鸡盘子"（食戏地）
	乌日都那杰嘎查	因坐落于那杰山东南脚下，故名。意为"南沙半鸡盘子"
	哈日诺尔嘎查	因坐落于哈日诺尔（湖）附近，故名。意为"黑泡子"
	那日苏台嘎查	因村周围松树较多，故名。意为"长有松树的地方"
	雅图特嘎查	因山上有许多沙半鸡生栖，故名。意为"有沙半鸡的山"
	沙日包特嘎查	因村附近有一片黄树林，故名。意为"黄色的树丛"
	达尔罕乌拉嘎查	因在达尔罕山脚下，故名。意为"神圣的山"
	玛尼图嘎查	因村前岩石上有古人刻的玛尼经卷文字，故名。意为"有玛尼经卷文字的地方"
	阿日呼布嘎查	因位于阿日呼布平川上，故名。意为"松软肥沃的北平川"

（续）

苏木	地图名称	出处、含义简述
巴彦温都尔苏木	和日木嘎查	因村附近有古边墙遗址，故取名和日木，意为"墙"
	海拉苏台嘎查	因村周围生长榆树较多，故名。意为"长有榆树的地方"
	沙巴日台嘎查	因位于沼泽地附近，故名。意为"泥沼泽地"
	巴彦包勒格嘎查	因位于巴彦包勒格山附近，故名，意为"富饶的水泉"
	巴彦查干嘎查	因位于巴彦查干山脚下，故名。意为"富饶的白山"
	塔林花嘎查	因位于塔林花山包附近，故名。意为"平川上的山包"
	苏吉高勒	发源于玛拉根达巴西南坡。岸边长有苏吉草，故名。意为"长有苏吉草的河"，高勒是河的意思
	海哈尔河	发源于沙楞山东麓。意为"急流的河"
	达拉尔河	发源于高格斯台罕乌拉山东北麓。由许多水泉子组成，故名。意为"有许多水泉子"
	高格斯台罕乌拉尔山	因山上生长有山韭菜，故名。意为"长有山韭菜的高大的山"
	巴代艾来山	巴代为人名，艾来（敖瑞）为山峰
	伊和格日（护林站）	伊和是大的意思，格日是房子，意为"大房子"（护林站）
	甘珠尔敖包	甘珠尔系藏语，是一部经卷的名字，把经卷献给此山，故名。敖包是石堆子
	陶高日格乌兰哈达山	因山上有一块圆形的红色岩石，故名。意为"圆形的红岩石山"
	浩雅儿达巴	因此山由两座山梁组成，故名。意为"两座山梁"
	古日班达巴	因此山由三座山梁组成，故名。意为"三座山梁"
	马拉根达巴	古代有一位勇士在此山狩猎时其帽子被山风吹掉，故名。意为"帽子岭"
	巴日图	此山过去曾有过老虎出没，故名。意为"有老虎的山岭"
	浑都伦	因位于苏吉河横渡口处，故名。意为"横渡"
	艾来绍荣	古代有一位骑骏马的骑士长在此山狩猎，故名。意为"活泼的尖山"
	查干温都尔罕山	因山之阴白雪皑皑，气候寒冷。远眺恰似一道连绵的雪岭，故名。意为"白色高大的山"
	沃台浑迪	此山谷的坡度很高，故名。意为"坡度大的山谷"
	乌兰哈达	因岩石呈红色，故名。意为"红色的岩石"
	宝日温都尔	因岩石呈紫色，故名。意为"紫色的山岭"
	宝迪塔拉	宝迪为圣山，塔拉为平原，意为圣山平原
	必西宝楞	也叫贝子包冷。贝子，系满族语，是清代官职名称。包冷系蒙古语，意为山湾
	那杰艾力	有沙半鸡盘子的营子。艾力是营子的意思

（续）

苏木	地图名称	出处、含义简述
巴彦温都尔苏木	艾日根图（河）	因位于艾日根图山梁附近，故名。意为"酸奶山"
	艾来（河）	因此河发源于艾来绍荣附近，故取名艾来高勒。系蒙古语，"艾来"意为活泼，"高勒"意为河
	高林吉如河	因河边山的形状像人的心脏，故名。意为"河边的心脏"
	巴日图敖瑞	此山过去曾有过老虎出没，故名。意为"有老虎的山岭"
	巴彦呼舒嘎查	因位于巴彦呼舒山附近，故名。意为"富饶的山咀"
	敖勒吉尔嘎查	因位于海哈尔河与达拉尔河汇合处，故名。意为"汇合处"
罕苏木苏木	芒哈特嘎查	因位于芒哈特山下，故名。意为"有沙漠的山"
	波日和嘎查	因位于波日和山下，故名。意为"险峻"
	珠日和嘎查	因位于珠日和沙丘附近，故名。意为"心脏"

（二）交通及气候特点

1. 交通条件

公路：①内蒙古省际大通道（规划改建高速G5511，集阿高速。是国家G55二广高速的五条联络线之一）；②G303（国道303，集锡公路），G303凤凰岭（新开河）至天山段改扩建为一级公路正在建设；③S210巴彦温都尔至巴拉奇如德二级公路正在建设。阿鲁科尔沁旗政府所在地天山镇每天有班车发往北京市、赤峰市、通辽市、承德市，以及周边旗县。

铁路：集通铁路（东起通辽，西至乌兰察布，正在复线扩容建设）横贯旗境内117公里，已于1995年正式运营，境内站点为沙日乃站、道德站、福兴地站、查布嘎站（天山镇）、刁家段站。

机场：阿鲁科尔沁旗通用机场于2020年10月1日正式通航，开通2条短途运输航线，共通航通辽市和赤峰市2座城市。

2．气候特点

气候类型：阿鲁科尔沁旗地处中纬度温带半干旱大陆性季风气候区，具有明显的大陆性气候特征：春季干旱多大风，气温回升快；夏季雨热同期，降水集中；秋季短促，气温下降快，昼夜温差大，秋霜降临早；冬季漫长而寒冷干燥，风多雪少，光照充足。

光照：年日照时数2 760～3 030小时。总辐射量分布趋势是由西北向东南随海拔高度降低而递减，四季中以夏季总辐射量最多，春季次之，冬季大于秋季。光能资源较丰富。

温度：年均气温5.5℃，极端最高气温40.6℃，极端最低气温-32.7℃，年平均积温2 900～3 400℃。

降水：全旗年降水量分布南北差异明显，大部地区在320～440毫米范围内，北部偏多，南部偏少。一年中各月降水量以7月最多，1月最少。

风：受地形、山体、植被等因素影响，境内北部林区年平均风速一般在3米／秒左右，南部区在4米／秒以上，中部为2～4米／秒。大风突出表现在春季，夏季最少，冬季多于秋季。

霜：全旗无霜期95～140天，无霜期与热量状况的分布趋势自北向南随海拔高度降低而递增。北部山区最短的只有80天左右，南部边缘地区最多可超150天，南北差异明显。初霜最早在9月8日，最晚在10月8日。终霜最早在4月23日，最晚在5月11日。

（三）主要旅游路线

1．一日游路线

①天山镇蒙古汗廷文化园—阿鲁科尔沁旗博物馆。②天山镇—

罕庙—查干浩特古城——呼和塔拉草原。③天山镇—现代草业加工园—阿拉迪芒沙漠—达拉哈沙湖—天山镇。④天山镇—天山口镇农业休闲园—巴拉奇如德庙—宝力格水库—双胜镇—天山镇。⑤天山镇—巴彦花水库度假村—代白乌苏果园—宝山壁画—乌兰哈达乡—天山镇。⑥天山镇—阿日宝力格沙湖—坤都镇—新民乡—天山镇。

2．二到三日游路线

①天山镇—罕庙—查干浩特古城—北部牧场—天山镇。②天山镇—现代草业游览区—草场度假区—巴拉奇如德庙—宝力格水库—天山镇。③天山镇—阿日宝力格沙湖/民俗村—赛汗塔拉苏木—扎嘎斯台镇—达拉哈沙湖—阿拉迪芒沙漠—现代草业加工基地—天山镇。④天山镇—阿日宝力格民俗村—赛汗塔苏拉木—耶律羽之家族墓—罕庙—查干浩特古城—呼和塔拉草原—罕苏木苏木—坤都镇—天山镇。

3．中长期旅游路线组织

北部游牧文化体验游路线：第一天：天山镇蒙古汗廷文化园—阿鲁科尔沁旗博物馆—欣赏汗廷音乐演出；第二天：罕庙—阿日奔苏木婚礼—查干浩特古城；第三天：巴彦温都尔草原游牧体验；第四天：查干达巴夏季牧场游牧；第五天：塔林花草场游牧生活体验；第六天：游览高格斯台罕乌拉国家自然保护区；第七天：上午根丕庙；下午巴彦花水库度假村进午餐，晚上回天山镇。

南部现代草业游路线：第一天：天山镇蒙古汗廷文化园—阿鲁科尔沁旗博物馆—欣赏汗廷文化园演出；第二天：现代草业加工园区—草场度假；第三到五天：草场度假；第六天：巴拉奇如德庙宗

教民俗体验—宝力格水库休闲游—天山镇。

4. 区域旅游路线

契丹·辽文化主题游路线：赤峰—宁城（辽中京遗址）—右旗（辽代州城遗址、皇陵及契丹贵族墓葬）—巴林左旗（辽上京遗址、辽祖州祖陵遗址、召庙辽代石窟）—阿鲁科尔沁（耶律羽之家族墓、宝山壁画）—扎鲁特旗（金门山辽代墓葬）

草原游牧主题游路线：赤峰—西乌珠穆沁旗（游览蒙古汗城、成吉思汗瞭望山）—阿鲁科尔沁旗（北部草原游牧文化体验、游览查干浩特古城）—东乌珠穆沁旗（游览牧人之家景区）

考古文化主题游路线：赤峰市区（参观赤峰博物馆）—巴林左旗—敖汉旗（参观兴隆洼遗址、赵宝沟文化遗址）—林西县（参观西周古铜矿遗址）

地质沙漠主题游线：赤峰市—宁城（游览宁城国家地质公园）—克什克腾旗（游览阿斯哈图石林、大青山）—翁牛特旗（勃隆克沙漠、玉龙湖、其甘沙漠）

区域经典游览路线：①赤峰—阿鲁科尔沁旗—通辽：赤峰—宁城国家地质公园—喀喇沁蒙古亲王府及家庙—红山遗址—克什克腾世界地质公园—阿鲁科尔沁旗博物馆—蒙古汗廷文化园—阿鲁科尔沁草原游牧体验—通辽大青沟旅游区—库伦三大寺。②通辽—阿鲁科尔沁旗—锡林郭勒盟：通辽—霍林郭勒—可汗山景区—阿鲁科尔沁北部草原游牧体验—东乌旗草原—西乌旗草原。

附录3 全球/中国重要农业文化遗产名录

1. 全球重要农业文化遗产

2002年，联合国粮食及农业组织（FAO）发起了全球重要农业文化遗产（Globally Important Agricultural Heritage Systems, GIAHS）保护倡议，旨在建立全球重要农业文化遗产及其有关的景观、生物多样性、知识和文化保护体系，并在世界范围内得到认可与保护，使之成为可持续管理的基础。

按照FAO的定义，GIAHS 是"农村与其所处环境长期协同进化和动态适应下所形成的独特的土地利用系统和农业景观，这些系统与景观具有丰富的生物多样性，而且可以支撑当地社会经济与文化发展的需要，有利于促进区域可持续发展。"

截至2023年1月，FAO 共认定72项全球重要农业文化遗产，分布在23个国家，其中19项在中国。

全球重要农业文化遗产（72项）

序号	区域	国家	系统名称	FAO 批准年份
1	亚洲（10国，48项）	中国（19项）	中国浙江青田稻鱼共生系统 Qingtian Rice-fish Culture System, China	2005
2			中国云南红河哈尼稻作梯田系统 Honghe Hani Rice Terraces System, China	2010

（续）

序号	区域	国家	系统名称	FAO 批准年份
3	亚洲（10国，48项）	中国（19项）	中国江西万年稻作文化系统 Wannian Traditional Rice Culture System, China	2010
4			中国贵州从江侗乡稻鱼鸭系统 Congjiang Dong's Rice-fish-duck System, China	2011
5			中国内蒙古敖汉旱作农业系统 Aohan Dryland Farming System, China	2012
6			中国云南普洱古茶园与茶文化系统 Pu'er Traditional Tea Agrosystem, China	2012
7			中国河北宣化城市传统葡萄园 Urban Agricultural Heritage of Xuanhua Grape Gardens, China	2013
8			中国浙江绍兴会稽山古香榧群 Shaoxing Kuaijishan Ancient Chinese Torreya, China	2013
9			中国福建福州茉莉花与茶文化系统 Fuzhou Jasmine and Tea Culture System, China	2014
10			中国陕西佳县古枣园 Jiaxian Traditional Chinese Date Gardens, China	2014
11			中国江苏兴化垛田传统农业系统 Xinghua Duotian Agrosystem, China	2014
12			中国浙江湖州桑基鱼塘系统 Huzhou Mulberry-dyke & Fish-pond System, China	2018

（续）

序号	区域	国家	系统名称	FAO 批准年份
13	亚洲（10国，48项）	中国（19项）	中国甘肃迭部扎尕那农林牧复合系统 Diebu Zhagana Agriculture-forestry-animal Husbandry Composite System, China	2018
14			中国山东夏津黄河故道古桑树群 Traditional Mulberry System in Xiajin's Ancient Yellow River Course, China	2018
15			中国南方山地稻作梯田系统 Rice Terraces System in Southern Mountainous and Hilly Areas, China	2018
16			中国内蒙古阿鲁科尔沁草原游牧系统 Ar Horqin Grassland Nomadic System in Inner Mongolia, China	2022
17			中国河北涉县旱作石堰梯田系统 Shexian Dryland Stone Terraced System, China	2022
18			中国福建安溪铁观音茶文化系统 Anxi Tieguanyin Tea Culture System, China	2022
19			中国浙江庆元林－菇共育系统 Qingyuan Forest-mushroom Co-culture System, China	2022
20		菲律宾（1项）	菲律宾伊富高稻作梯田系统 Ifugao Rice Terraces, Philippines	2005
21		印度（3项）	印度藏红花农业系统 Saffron Heritage of Kashmir, India	2011
22			印度科拉普特传统农业系统 Traditional Agriculture Systems, India	2012

（续）

序号	区域	国家	系统名称	FAO 批准年份
23	亚洲（10国，48项）	印度 （3项）	印度喀拉拉邦库塔纳德海平面下农耕文化系统 Kuttanad below Sea Level Farming System, India	2013
24		日本 （13项）	日本金泽能登半岛山地与沿海乡村景观 Noto's Satoyama and Satoumi, Japan	2011
25			日本新潟佐渡岛稻田－朱鹮共生系统 Sado's Satoyama in Harmony with Japanese Crested Ibis, Japan	2011
26			日本静冈传统茶－草复合系统 Traditional Tea-grass Integrated System in Shizuoka, Japan	2013
27			日本大分国东半岛林－农－渔复合系统 Kunisaki Peninsula Usa Integrated Forestry, Agriculture and Fisheries System, Japan	2013
28			日本熊本阿苏可持续草原农业系统 Managing Aso Grasslands for Sustainable Agriculture, Japan	2013
29			日本岐阜长良川香鱼养殖系统 The Ayu of Nagara River System,Japan	2015
30			日本宫崎高千穗－椎叶山山地农林复合系统 Takachihogo-shiibayama Mountainous Agriculture and Forestry System, Japan	2015
31			日本和歌山南部－田边梅子生产系统 Minabe-tanabe Ume System,Japan	2015
32			日本德岛 Nishi-awa 地域山地陡坡农作系统 Nishi-awa Steep Slope Land Agriculture System, Japan	2018

（续）

序号	区域	国家	系统名称	FAO 批准年份
33	亚洲（10国，48项）	日本（13项）	日本宫城尾崎基于传统水资源管理的可持续农业系统 Osaki Kōdo's Sustainable Agriculture System based on Traditional Water Management, Japan	2018
34			日本静冈传统山葵种植系统 Traditional Wasabi Cultivation in Shizuoka, Japan	2018
35			日本琵琶湖水陆综合农业系统 Biwa Lake to Land Integrated System, Japan	2022
36			日本山梨传统水果栽培系统 Fruit Cultivation System in Kyoutou Region, Yamanashi, Japan	2022
37		韩国（5项）	韩国济州岛石墙农业系统 Jeju Batdam Agricultural System, Korea	2014
38			韩国青山岛板石梯田农作系统 Traditional Gudeuljang Irrigated Rice Terraces in Cheongsando, Korea	2014
39			韩国花开传统河东茶农业系统 Traditional Hadong Tea Agrosystem in Hwagae-myeon, Korea	2017
40			韩国锦山传统人参种植系统 Geumsan Traditional Ginseng Agricultural System, Korea	2018
41			韩国潭阳郡竹田农业系统 Damyang Bamboo Field Agriculture System, Korea	2020

（续）

序号	区域	国家	系统名称	FAO 批准年份
42	亚洲（10国，48项）	伊朗（3项）	伊朗喀山坎儿井灌溉系统 Qanat Irrigated Agricultural Heritage Systems of Kashan, Iran	2014
43			伊朗乔赞葡萄生产系统 Grape Production System and Grape-based Products, Iran	2018
44			伊朗戈纳巴德基于坎儿井灌溉藏红花种植系统 Qanat-based Saffron Farming System in Gonabad, Iran	2018
45		阿联酋（1项）	阿联酋艾尔－里瓦绿洲传统椰枣种植系统 Al Ain and Liwa Historical Date Palm Oases, the United Arab Emirates	2015
46		孟加拉国（1项）	孟加拉国浮田农作系统 Floating Garden Agricultural System, Bangladesh	2015
47		斯里兰卡（1项）	斯里兰卡干旱地区梯级池塘－村庄系统 The Cascaded Tank-village Systems in the Dry Zone of Sri Lanka	2017
48		泰国（1项）	泰国泰莱诺伊湿地水牛牧养系统 Thale Noi Wetland Pastoral Buffalo Agro-ecosystem, Thailand	2022
49	非洲（6国，11项）	阿尔及利亚（1项）	阿尔及利亚埃尔韦德绿洲农业系统 Ghout System, Algeria	2005
50		突尼斯（3项）	突尼斯加法萨绿洲农业系统 Gafsa Oases, Tunisia	2005
51			突尼斯加尔梅尔泻湖沙地农业系统 Ramli Agricultural System in the Lagoons of Ghar El Melh, Tunisia	2020

（续）

序号	区域	国家	系统名称	FAO 批准年份
52	非洲（6国，11 项）	突尼斯（3 项）	突尼斯德杰巴奥利亚山地农林复合系统 Hanging Gardens from Djebba El Olia, Tunisia	2020
53		肯尼亚（1 项）	肯尼亚马赛草原游牧系统 Oldonyonokie/Olkeri Maasai Pastoralist Heritage Site, Kenya	2008
54		坦桑尼亚（2 项）	坦桑尼亚马赛草原游牧系统 Engaresero Maasai Pastoralist Heritage Area, Tanzania	2008
55			坦桑尼亚基哈巴农林复合系统 Shimbwe Juu Kihamba Agro-forestry Heritage Site, Tanzania	2008
56		摩洛哥（3 项）	摩洛哥阿特拉斯山脉绿洲农业系统 Oases System in Atlas Mountains, Morocco	2011
57			摩洛哥索阿卜－曼苏尔农林牧复合系统 Argan-based Agro-sylvopastoral System within the Area of Ait Souab-ait and Mansour, Morocco	2018
58			摩洛哥菲吉格绿洲农业与草原游牧融合发展系统 Oasis and Pastoral Culture around the Social Management of Water and Land, Morocco	2022
59		埃及（1 项）	埃及锡瓦绿洲椰枣生产系统 Dates Production System in Siwa Oasis, Egypt	2016
60	南美洲（3国，3 项）	秘鲁（1 项）	秘鲁安第斯高原农业系统 Andean Agriculture, Peru	2005

（续）

序号	区域	国家	系统名称	FAO 批准年份
61	南美洲 （3国，3项）	智利 （1项）	智利智鲁岛屿农业系统 Chiloé Agriculture, Chile	2005
62		巴西 （1项）	巴西米纳斯吉拉斯埃斯皮尼亚尼亚山南部传统农业系统 Traditional Agricultural System in the Southern Espinhaço Range, Minas Gerais, Brazil	2020
63	拉丁美洲 （1国，2项）	墨西哥 （2项）	墨西哥传统架田农作系统 Chinampa Agricultural System of Mexico City, Mexico	2017
64			墨西哥尤卡坦半岛玛雅米尔帕传统农林复合系统 Mayan Milpa of the Yucatan Peninsula, Mexico	2022
65	欧洲 （3国，8项）	西班牙 （5项）	西班牙拉阿哈基亚葡萄干生产系统 Malaga Raisin Production System in La Axarquía, Spain	2017
66			西班牙阿尼亚纳海盐生产系统 The Agricultural System of Valle Salado de Añana, Spain	2017
67			西班牙塞尼亚古橄榄树农业系统 The Agricultural System Ancient Olive Trees Territorio Sénia, Spain	2018
68			西班牙瓦伦西亚传统灌溉农业系统 Historical Irrigation System at Horta of Valencia, Spain	2019
69			西班牙莱昂山地农林牧复合系统 Agro-silvo-pastoral System Mountains of León, Spain	2022

（续）

序号	区域	国家	系统名称	FAO 批准年份
70	欧洲 （3国，8项）	葡萄牙 （1项）	葡萄牙巴罗佐农林牧复合系统 Barroso Agro-sylvo-pastoral System, Portugal	2018
71		意大利 （2项）	意大利阿西西－斯波莱托陡坡橄榄种植系统 Olive Groves of the Slopes between Assisi and Spoleto, Italy	2018
72			意大利索阿维传统葡萄园 Soave Traditional Vineyards, Italy	2018

2．中国重要农业文化遗产

我国有着悠久灿烂的农耕文化历史，劳动人民在长期的生产活动中创造了种类繁多、特色明显、经济与生态价值高度统一的重要农业文化遗产，至今依然具有重要的历史文化价值和现实意义。农业农村部于2012年开展中国重要农业文化遗产发掘与保护工作，旨在加强我国重要农业文化遗产价值的认识，促进遗产地生态保护、文化传承和经济发展。

中国重要农业文化遗产是指"人类与其所处环境长期协同发展中，创造并传承至今的独特的农业生产系统，这些系统具有丰富的农业生物多样性、传统知识与技术体系和独特的生态与文化景观等，对我国农业文化传承、农业可持续发展和农业功能拓展具有重要的科学价值和实践意义"。

截至2021年12月，全国共有6批138项传统农业系统被认定为中国重要农业文化遗产。

中国重要农业文化遗产（118项）

序号	省份	系统名称	批准年份
1	北京（2项）	北京平谷四座楼麻核桃生产系统	2015
2		北京京西稻作文化系统	2015
3	天津（2项）	天津滨海崔庄古冬枣园	2014
4		天津津南小站稻种植系统	2020
5	河北（5项）	河北宣化城市传统葡萄园	2013
6		河北宽城传统板栗栽培系统	2014
7		河北涉县旱作梯田系统	2014
8		河北迁西板栗复合栽培系统	2017
9		河北兴隆传统山楂栽培系统	2017
10	山西（2项）	山西稷山板枣生产系统	2017
11		山西阳城蚕桑文化系统	2021
12	内蒙古（6项）	内蒙古敖汉旱作农业系统	2013
13		内蒙古阿鲁科尔沁草原游牧系统	2014
14		内蒙古伊金霍洛农牧生产系统	2017
15		内蒙古乌拉特后旗戈壁红驼牧养系统	2020
16		内蒙古武川燕麦传统旱作系统	2021
17		内蒙古东乌珠穆沁旗游牧生产系统	2021
18	辽宁（4项）	辽宁鞍山南果梨栽培系统	2013
19		辽宁宽甸柱参传统栽培体系	2013
20		辽宁桓仁京租稻栽培系统	2015
21		辽宁阜蒙旱作农业系统	2020
22	吉林（4项）	吉林延边苹果梨栽培系统	2015
23		吉林柳河山葡萄栽培系统	2017
22		吉林九台五官屯贡米栽培系统	2017
23		吉林和龙林下参—芝抚育系统	2021
24	黑龙江（2项）	黑龙江抚远赫哲族鱼文化系统	2015
25		黑龙江宁安响水稻作文化系统	2015

（续）

序号	省份	系统名称	批准年份
26	江苏（8项）	江苏兴化垛田传统农业系统	2013
27		江苏泰兴银杏栽培系统	2015
28		江苏高邮湖泊湿地农业系统	2017
29		江苏无锡阳山水蜜桃栽培系统	2017
30		江苏吴中碧螺春茶果复合系统	2020
31		江苏宿豫丁嘴金针菜生产系统	2020
32		江苏启东沙地圩田农业系统	2021
33		江苏吴江蚕桑文化系统	2021
34	浙江（14项）	浙江青田稻鱼共生系统	2013
35		浙江绍兴会稽山古香榧群	2013
36		浙江杭州西湖龙井茶文化系统	2014
37		浙江湖州桑基鱼塘系统	2014
38		浙江庆元香菇文化系统	2014
39		浙江仙居杨梅栽培系统	2015
40		浙江云和梯田农业系统	2015
41		浙江德清淡水珍珠传统养殖与利用系统	2017
42		浙江宁波黄古林蔺草－水稻轮作系统	2020
43		浙江安吉竹文化系统	2020
44		浙江黄岩蜜橘筑墩栽培系统	2020
45		浙江开化山泉流水养鱼系统	2020
46		浙江缙云茭白—麻鸭共生系统	2021
47		浙江桐乡蚕桑文化系统	2021
48	安徽（5项）	安徽寿县芍陂（安丰塘）及灌区农业系统	2015
49		安徽休宁山泉流水养鱼系统	2015
50		安徽铜陵白姜种植系统	2017
51		安徽黄山太平猴魁茶文化系统	2017
52		安徽太湖山地复合农业系统	2021

（续）

序号	省份	系统名称	批准年份
53	福建（5项）	福建福州茉莉花与茶文化系统	2013
54		福建尤溪联合梯田	2013
55		福建安溪铁观音茶文化系统	2014
56		福建福鼎白茶文化系统	2017
57		福建松溪竹蔗栽培系统	2021
58	江西（7项）	江西万年稻作文化系统	2013
59		江西崇义客家梯田系统	2014
60		江西南丰蜜橘栽培系统	2017
61		江西广昌传统莲作文化系统	2017
62		江西泰和乌鸡林下养殖系统	2020
63		江西横峰葛栽培系统	2020
64		江西浮梁茶文化系统	2021
65	山东（7项）	山东夏津黄河故道古桑树群	2014
66		山东枣庄古枣林	2015
67		山东乐陵枣林复合系统	2015
68		山东章丘大葱栽培系统	2017
69		山东岱岳汶阳田农作系统	2020
70		山东莱阳古梨树群系统	2021
71		山东峄城石榴种植系统	2021
72	河南（3项）	河南灵宝川塬古枣林	2015
73		河南新安传统樱桃种植系统	2017
74		河南嵩县银杏文化系统	2020
75	湖北（2项）	湖北羊楼洞砖茶文化系统	2014
76		湖北恩施玉露茶文化系统	2015
77	湖南（8项）	湖南新化紫鹊界梯田	2013
78		湖南新晃侗藏红米种植系统	2014
79		湖南新田三味辣椒种植系统	2017
80		湖南花垣子腊贡米复合种养系统	2017
81		湖南安化黑茶文化系统	2020
82		湖南保靖黄金寨古茶园与茶文化系统	2020
83		湖南永顺油茶林农复合系统	2020
84		湖南龙山油桐种植系统	2021

（续）

序号	省份	系统名称	批准年份
85	广东（4项）	广东潮安凤凰单丛茶文化系统	2014
86		广东佛山基塘农业系统	2020
87		广东岭南荔枝种植系统（增城、东莞、茂名）	2020
88		广东海珠高畦深沟传统农业系统	2021
89	广西（5项）	广西龙胜龙脊梯田	2014
90		广西隆安壮族"那文化"稻作文化系统	2015
91		广西恭城月柿栽培系统	2017
92		广西横县茉莉花复合栽培系统	2020
93		广西桂西北山地稻鱼复合系统（柳州市三江侗族自治县、融水苗族自治县，桂林市全州县，百色市靖西市、那坡县）	2021
94	海南（2项）	海南海口羊山荔枝种植系统	2017
95		海南琼中山兰稻作文化系统	2017
96	重庆（3项）	重庆石柱黄连生产系统	2017
97		重庆大足黑山羊传统养殖系统	2020
98		重庆万州红桔栽培系统	2020
99	四川（8项）	四川江油辛夷花传统栽培体系	2014
100		四川苍溪雪梨栽培系统	2015
101		四川美姑苦荞栽培系统	2015
102		四川盐亭嫘祖蚕桑生产系统	2017
103		四川名山蒙顶山茶文化系统	2017
104		四川郫都林盘农耕文化系统	2020
105		四川宜宾竹文化系统	2020
106		四川石渠扎溪卡游牧系统	2020
107	贵州（4项）	贵州从江侗乡稻鱼鸭系统	2013
108		贵州花溪古茶树与茶文化系统	2015
109		贵州锦屏杉木传统种植与管理系统	2020
110		贵州安顺屯堡农业系统	2020

（续）

序号	省份	系统名称	批准年份
110	云南（8项）	云南红河哈尼稻作梯田系统	2013
111		云南普洱古茶园与茶文化系统	2013
112		云南漾濞核桃－作物复合系统	2013
113		云南广南八宝稻作生态系统	2014
114		云南剑川稻麦复种系统	2014
115		云南双江勐库古茶园与茶文化系统	2015
116		云南腾冲槟榔江水牛养殖系统	2017
117		云南文山三七种植系统	2021
118	西藏（2项）	西藏当雄高寒游牧系统	2021
119		西藏乃东青稞种植系统	2021
120	陕西（5项）	陕西佳县古枣园	2013
121		陕西凤县大红袍花椒栽培系统	2017
122		陕西蓝田大杏种植系统	2017
123		陕西临潼石榴种植系统	2020
124		陕西汉阴凤堰稻作梯田系统	2021
125	甘肃（4项）	甘肃迭部扎尕那农林牧复合系统	2013
126		甘肃皋兰什川古梨园	2013
127		甘肃岷县当归种植系统	2014
128		甘肃永登苦水玫瑰农作系统	2015
129	宁夏（3项）	宁夏灵武长枣种植系统	2014
130		宁夏中宁枸杞种植系统	2015
131		宁夏盐池滩羊养殖系统	2017
132	新疆（4项）	新疆吐鲁番坎儿井农业系统	2013
133		新疆哈密哈密瓜栽培与贡瓜文化系统	2014
134		新疆奇台旱作农业系统	2015
135		新疆伊犁察布查尔布哈农业系统	2017